Couvertures supérieure et inférieure
en couleur

BIBLIOTHÈQUE ROSE ILLUSTRÉE

LES
MALHEURS DE SOPHIE

PAR

Mme LA COMTESSE DE SÉGUR
NÉE ROSTOPCHINE

OUVRAGE ILLUSTRÉ DE 40 VIGNETTES
PAR HORACE CASTELLI

PARIS
LIBRAIRIE HACHETTE ET Cie
79, BOULEVARD SAINT-GERMAIN, 79

PRIX : 2 FRANCS 25

LE JOURNAL DE LA JEUNESSE

NOUVEAU RECUEIL HEBDOMADAIRE ILLUSTRÉ

POUR LES ENFANTS DE DOUZE A QUINZE ANS

CONDITIONS DE VENTE ET D'ABONNEMENT

Un numéro comprenant 16 pages grand in-8 paraît le samedi de chaque semaine.

Prix de chaque année, brochée en 2 volumes : **20 fr.**

Chaque semestre, formant un volume, se vend séparément : **10 fr.**
Le cartonnage en percaline rouge, tranches dorées, se paye en sus par volume **3 fr.**

Prix de l'abonnement pour Paris et les Départements :
un an **20 fr.**; six mois, **10 fr.**

Prix de l'abonnement pour les pays étrangers qui font partie de l'Union générale des postes : un an, 22 fr.; six mois, 11 fr.

Les abonnements se prennent du 1ᵉʳ décembre et du 1ᵉʳ juin de chaque année.

MON JOURNAL

NOUVEAU RECUEIL HEBDOMADAIRE

ILLUSTRÉ DE NOMBREUSES GRAVURES EN COULEURS ET EN NOIR

A L'USAGE DES ENFANTS DE HUIT A DOUZE ANS

Deuxième série

MON JOURNAL, à partir du 1ᵉʳ octobre 1892, est devenu hebdomadaire de mensuel qu'il était, et convient à des enfants de 8 à 12 ans.

Il paraît un numéro le samedi de chaque semaine.
Prix du numéro : **15 centimes.**

ABONNEMENTS :

FRANCE	Six mois.. 4 fr. 50	UNION POSTALE	Six mois 5 fr. 50
	Un an... 8 fr.		Un an 10 fr.

Prix de l'année (1ʳᵉ série) : brochée, 2 fr.; cartonnée en percaline gaufrée, avec fers spéciaux à froid, 2 fr. 50.

Paris. — Imprimerie Lahure, rue de Fleurus, 9.

MALHEURS DE SOPHIE

OUVRAGES DU MÊME AUTEUR

PUBLIÉS DANS LA BIBLIOTHÈQUE ROSE ILLUSTRÉE

PAR LA LIBRAIRIE HACHETTE ET Cie

Un bon petit diable ; 1 vol. avec 100 gravures d'après Castelli.
Quel amour d'enfant ! 1 vol. avec 79 gravures d'après É. Bayard.
Pauvre Blaise ; 1 vol. avec 96 gravures d'après H. Castelli.
Mémoires d'un âne ; 1 vol. avec 75 gravures d'après Castelli.
Les vacances ; 1 vol. avec 36 gravures d'après Bertall.
Les petites filles modèles ; 1 vol. avec 21 grandes grav. d'après Bertall.
Les malheurs de Sophie ; 1 vol. avec 48 gravures d'après Castelli.
Les deux nigauds ; 1 vol. avec 75 gravures d'après Castelli.
Les bons enfants ; 1 vol. avec 70 gravures d'après Feroglo.
Le général Dourakine ; 1 vol. avec 100 gravures d'après É. Bayard.
L'auberge de l'Ange-Gardien ; 1 vol. avec 75 grav. d'après Foulquier.
La sœur de Gribouille ; 1 vol. avec 72 gravures d'après Castelli.
La fortune de Gaspard ; 1 vol. avec 32 gravures d'après Gerlier.
Jean qui grogne et Jean qui rit ; 1 vol. avec 70 grav. d'après Castelli.
François le Bossu ; 1 vol. avec 114 gravures d'après É. Bayard.
Diloy le Chemineau ; 1 vol. avec 90 gravures d'après H. Castelli.
Comédies et proverbes ; 1 vol. avec 60 gravures d'après É. Bayard.
Le mauvais génie ; 1 vol. avec 90 gravures d'après É. Bayard.
Après la pluie le beau temps ; 1 vol. avec 128 grav. d'après É. Bayard.

Prix de chaque volume broché, 2 25.
Relié en percaline rouge, tranches dorées, 3 50.

Format in-8°, broché

La Bible d'une grand'mère, avec 30 gravures............. 10 »
Évangile d'une grand'mère, avec 30 gravures............. 10 »
Les Actes des Apôtres, avec 10 gravures................. 10 »

Évangile d'une grand'mère, édition classique, in-16, cart... 1 50
La santé des enfants, in-16, broché...................... » 50

31507. — Imprimerie LAHURE, rue de Fleurus, 9, à Paris. — 7-95

LES
MALHEURS DE SOPHIE

PAR

Mme LA COMTESSE DE SÉGUR

NÉE ROSTOPCHINE

NOUVELLE ÉDITION

ILLUSTRÉE DE 48 VIGNETTES DESSINÉES SUR BOIS

PAR H. CASTELLI

PARIS

LIBRAIRIE HACHETTE ET Cie

79, BOULEVARD SAINT-GERMAIN, 79

—

1896

Droits de traduction et de reproduction réservés

A MA PETITE-FILLE

ÉLISABETH FRESNEAU

Chère enfant, tu me dis souvent : Oh! grand'mère, que je vous aime! vous êtes si bonne! *Grand'mère n'a pas toujours été bonne, et il y a bien des enfants qui ont été méchants comme elle et qui se sont corrigés comme elle. Voici des histoires vraies d'une petite fille que grand'mère a beaucoup connue dans son enfance; elle était colère, elle est devenue douce; elle était gourmande, elle est devenue sobre; elle était menteuse, elle est devenue sincère; elle était voleuse, elle est devenue honnête; enfin, elle était méchante, elle est devenue* bonne. Grand'mère a tâché de faire de même. Faites comme elle, mes chers petits enfants ; cela vous sera facile, à vous qui n'avez pas tous les défauts de Sophie.

COMTESSE DE SÉGUR,

née ROSTOPCHINE.

LES
MALHEURS DE SOPHIE

I

LA POUPÉE DE CIRE

« Ma bonne, ma bonne, dit un jour Sophie en accourant dans sa chambre, venez vite ouvrir une caisse que papa m'a envoyée de Paris ; je crois que c'est une poupée de cire, car il m'en a promis une.

LA BONNE.

Où est la caisse ?

SOPHIE.

Dans l'antichambre : venez vite, ma bonne, je vous en supplie. »

La bonne posa son ouvrage et suivit Sophie à

l'antichambre. Une caisse de bois blanc était posée sur une chaise; la bonne l'ouvrit. Sophie aperçut la tête blonde et frisée d'une jolie poupée de cire; elle poussa un cri de joie et voulut saisir la poupée, qui était encore couverte d'un papier d'emballage.

LA BONNE.

Prenez garde! ne tirez pas encore; vous allez tout casser. La poupée tient par des cordons.

SOPHIE.

Cassez-les, arrachez-les; vite, ma bonne, que j'aie ma poupée.

La bonne, au lieu de tirer et d'arracher, prit ses ciseaux, coupa les cordons, enleva les papiers, et Sophie put prendre la plus jolie poupée qu'elle eût jamais vue. Les joues étaient roses avec de petites fossettes; les yeux bleus et brillants; le cou, la poitrine, les bras en cire, charmants et potelés. La toilette était très simple : une robe de percale festonnée, une ceinture bleue, des bas de coton et des brodequins noirs en peau vernie.

Sophie l'embrassa plus de vingt fois, et, la tenant dans ses bras, elle se mit à sauter et à danser. Son cousin Paul, qui avait cinq ans, et qui était en visite chez Sophie, accourut aux cris de joie qu'elle poussait.

« Paul, regarde quelle jolie poupée m'a envoyée papa! s'écria Sophie.

PAUL.

Donne-la-moi, que je la voie mieux.

SOPHIE.

Non, tu la casserais.

PAUL.

Je t'assure que j'y prendrai bien garde; je te la rendrai tout de suite. »

Sophie donna la poupée à son cousin, en lui recommandant encore de prendre bien garde de la faire tomber. Paul la retourna, la regarda de tous les côtés, puis la remit à Sophie en secouant la tête.

SOPHIE.

Pourquoi secoues-tu la tête?

PAUL.

Parce que cette poupée n'est pas solide; je crains que tu ne la casses.

SOPHIE.

Oh! sois tranquille, je vais la soigner tant, tant que je ne la casserai jamais. Je vais demander à maman d'inviter Camille et Madeleine à déjeuner avec nous, pour leur faire voir ma jolie poupée.

PAUL.

Elles te la casseront.

SOPHIE.

Non, elles sont trop bonnes pour me faire de la peine en cassant ma pauvre poupée.

Le lendemain, Sophie peigna et habilla sa poupée, parce que ses amies devaient venir. En l'habillant, elle la trouva pâle. « Peut-être, dit-elle, a-t-elle froid, ses pieds sont glacés. Je vais la mettre un peu au soleil pour que mes amies voient que j'en ai bien soin et que je la tiens bien chaudement. » Sophie alla porter la poupée au soleil sur la fenêtre du salon.

« Que fais-tu à la fenêtre, Sophie? lui demanda sa maman.

SOPHIE.

Je veux réchauffer ma poupée, maman; elle a très froid.

LA MAMAN.

Prends garde, tu vas la faire fondre.

SOPHIE.

Oh non! maman, il n'y a pas de danger : elle est dure comme du bois.

LA MAMAN.

Mais la chaleur la rendra molle; il lui arrivera quelque malheur, je t'en préviens. »

Sophie ne voulut pas croire sa maman, elle mit la poupée étendue tout de son long au soleil, qui était brûlant.

Au même instant elle entendit le bruit d'une voiture : c'étaient ses amies qui arrivaient. Elle courut au-devant d'elles; Paul les avait attendues sur le perron; elles entrèrent au salon en courant et parlant toutes à la fois. Malgré leur impatience de voir la poupée, elles commencèrent par dire bonjour à Mme de Réan, maman de Sophie; elles allèrent ensuite à Sophie, qui tenait sa poupée et la regardait d'un air consterné.

MADELEINE, *regardant la poupée.*

La poupée est aveugle, elle n'a pas d'yeux.

CAMILLE.

Quel dommage! comme elle est jolie!

MADELEINE.

Mais comment est-elle devenue aveugle! elle devait avoir des yeux.

Sophie ne disait rien; elle regardait la poupée et pleurait.

MADAME DE RÉAN.

Je t'avais, dit, Sophie, qu'il arriverait un malheur à ta poupée si tu t'obstinais à la mettre au soleil. Heureusement que la figure et les bras n'ont pas eu le temps de fondre. Voyons, ne pleure pas; je suis très habile médecin, je pourrai peut-être lui rendre ses yeux.

SOPHIE, *pleurant*.

C'est impossible, maman, ils n'y sont plus.

Mme de Réan prit la poupée en souriant et la secoua un peu; on entendit comme quelque chose qui roulait dans la tête. « Ce sont les yeux qui font le bruit que tu entends, dit Mme de Réan; la cire a fondu autour des yeux, et ils sont tombés. Mais je tâcherai de les ravoir. Déshabillez la poupée, mes enfants, pendant que je préparerai mes instruments. »

Aussitôt Paul et les trois petites filles se précipitèrent sur la poupée pour la déshabiller. Sophie ne pleurait plus; elle attendait avec impatience ce qui allait arriver.

La maman revint, prit ses ciseaux, détacha le corps cousu à la poitrine; les yeux, qui étaient dans la tête, tombèrent sur ses genoux ; elle les prit avec des pinces, les replaça où ils devaient être, et, pour les empêcher de tomber encore, elle coula dans la tête et sur la place où étaient les yeux, de la cire fondue qu'elle avait apportée dans une petite casserole ; elle attendit quelques instants que la cire fût refroidie, et puis elle recousit le corps à la tête.

Les petites n'avaient pas bougé. Sophie regardait avec crainte toutes ces opérations, elle avait peur que ce ne fût pas bien ; mais, quand elle vit sa poupée raccommodée et aussi jolie qu'auparavant, elle sauta au cou de sa maman et l'embrassa dix fois.

« Merci, ma chère maman, disait-elle, merci : une autre fois je vous écouterai, bien sûr. »

On rhabilla bien vite la poupée, on l'assit sur un petit fauteuil et on l'emmena promener en triomphe en chantant :

Vive maman !
De baisers je la mange.
Vive maman !
Elle est notre bon ange.

La poupée vécut très longtemps bien soignée, bien aimée ; mais petit à petit elle perdit ses charmes, voici comment.

Un jour, Sophie pensa qu'il était bon de laver les poupées, puisqu'on lavait les enfants ; elle prit de l'eau, une éponge, du savon, et se mit à débar-

Les yeux, qui étaient dans la tête, tombèrent sur ses genoux.

bouiller sa poupée; elle la débarbouilla si bien, qu'elle lui enleva toutes ses couleurs : les joues et les lèvres devinrent pâles comme si elle était malade, et restèrent toujours sans couleur. Sophie pleura, mais la poupée resta pâle.

Un autre jour, Sophie pensa qu'il fallait lui

friser les cheveux; elle lui mit donc des papillotes : elle les passa au fer chaud, pour que les cheveux fussent mieux frisés. Quand elle lui ôta ses papillotes, les cheveux restèrent dedans; le fer était trop chaud, Sophie avait brûlé les cheveux de sa poupée, qui était chauve. Sophie pleura, mais la poupée resta chauve.

Un autre jour encore, Sophie, qui s'occupait beaucoup de l'éducation de sa poupée, voulut lui apprendre à faire des tours de force. Elle la suspendit par les bras à une ficelle; la poupée, qui ne tenait pas bien, tomba et se cassa un bras. La maman essaya de la raccommoder; mais, comme il manquait des morceaux, il fallut chauffer beaucoup la cire, et le bras resta plus court que l'autre. Sophie pleura, mais le bras resta plus court.

Une autre fois, Sophie songea qu'un bain de pieds serait très utile à sa poupée, puisque les grandes personnes en prenaient. Elle versa de l'eau bouillante dans un petit seau, y plongea les pieds de la poupée, et, quand elle la retira, les pieds s'étaient fondus, et étaient dans le seau. Sophie pleura, mais la poupée resta sans jambes.

Depuis tous ces malheurs, Sophie n'aimait plus sa poupée, qui était devenue affreuse, et dont ses amies se moquaient; enfin, un dernier jour, Sophie voulut lui apprendre à grimper aux arbres; elle la fit monter sur une branche, la fit asseoir; mais la poupée, qui ne tenait pas bien, tomba : sa tête frappa contre des pierres et se cassa en cent morceaux. Sophie ne pleura pas, mais elle invita ses amies à venir enterrer sa poupée.

II

L'ENTERREMENT

Camille et Madeleine arrivèrent un matin pour l'enterrement de la poupée : elles étaient enchantées; Sophie et Paul n'étaient pas moins heureux.

SOPHIE.

Venez vite, mes amis, nous vous attendons pour faire le cercueil de la poupée.

CAMILLE.

Mais dans quoi la mettrons-nous?

SOPHIE.

J'ai une vieille boîte à joujoux; ma bonne l'a recouverte de percale rose; c'est très joli; venez voir.

Les petites coururent chez Mme de Réan, où la bonne finissait l'oreiller et le matelas qu'on devait mettre dans la boîte; les enfants admirèrent ce charmant cercueil; elles y mirent la poupée, et, pour qu'on ne vît pas la tête brisée, les pieds fondus et le bras cassé, elles la recouvrirent avec un petit couvre-pied de taffetas rose.

On plaça la boîte sur un brancard que la maman leur avait fait faire. Elles voulaient toutes le porter; c'était pourtant impossible, puisqu'il n'y avait place que pour deux. Après qu'ils se furent un peu poussés, disputés, on décida que Sophie et Paul, les deux plus petits, porteraient le brancard, et que Camille et Madeleine marcheraient l'une derrière, l'autre devant, portant un panier de fleurs et de feuilles qu'on devait jeter sur la tombe.

Quand la procession arriva au petit jardin de Sophie, on posa par terre le brancard avec la boîte qui contenait les restes de la malheureuse poupée. Les enfants se mirent à creuser la fosse; ils y descendirent la boîte, jetèrent dessus des fleurs et des feuilles, puis la terre qu'ils avaient retirée; ils ratissèrent promptement tout autour et y plantèrent deux lilas. Pour terminer la fête, ils coururent au bassin du potager et y remplirent leurs petits arrosoirs pour arroser les lilas; ce fut l'occasion de nouveaux jeux et de nouveaux rires, parce qu'on s'arrosait les jambes, qu'on se poursuivait et se sauvait en riant et en criant. On n'avait jamais vu un enterrement plus gai. Il est vrai que la morte était une vieille poupée, sans couleur, sans cheveux, sans jambes et sans tête, et que personne ne l'aimait ni ne la regrettait. La journée se ter-

Ils plantèrent deux lilas.

mina gaiement; et, lorsque Camille et Madeleine s'en allèrent, elles demandèrent à Paul et à Sophie de casser une autre poupée pour pouvoir recommencer un enterrement aussi amusant.

III

LA CHAUX

La petite Sophie n'était pas obéissante. Sa maman lui avait défendu d'aller seule dans la cour, où les maçons bâtissaient une maison pour les poules, les paons et les pintades. Sophie aimait beaucoup à regarder travailler les maçons ; quand sa maman y allait, elle l'emmenait toujours, mais elle lui ordonnait de rester près d'elle. Sophie, qui aurait voulu courir à droite et à gauche, lui demanda un jour :

« Maman, pourquoi ne voulez-vous pas que j'aille voir les maçons sans vous ? Et, quand vous y allez, pourquoi voulez-vous que je reste toujours auprès de vous ?

LA MAMAN.

Parce que les maçons lancent des pierres, des briques qui pourraient t'attraper, et puis parce qu'il y a du sable, de la chaux qui pourraient te faire glisser ou te faire mal.

SOPHIE.

Oh! maman, d'abord j'y ferais bien attention, et puis le sable et la chaux ne peuvent pas faire de mal.

LA MAMAN.

Tu crois cela, parce que tu es une petite fille; mais, moi qui suis grande, je sais que la chaux brûle.

SOPHIE.

Mais, maman....

LA MAMAN, *l'interrompant.*

Voyons, ne raisonne pas tant et tais-toi. Je sais mieux que toi ce qui peut te faire mal ou non. Je ne veux pas que tu ailles dans la cour sans moi. »

Sophie baissa la tête et ne dit plus rien; mais elle prit un air maussade et se dit tout bas :

« J'irai tout de même; cela m'amuse, et j'irai. »

Elle n'attendit pas longtemps l'occasion de désobéir. Une heure après, le jardinier vint chercher Mme de Réan pour choisir des géraniums qu'on apportait à vendre. Sophie resta donc seule : elle regarda de tous côtés si la bonne ou la femme de chambre ne pouvaient la voir, et, se sentant bien seule, elle courut à la porte, l'ouvrit et alla dans la cour; les maçons travaillaient et ne songeaient pas à Sophie, qui s'amusait à les regarder et à tout voir, tout examiner. Elle se trouva près d'un grand

Les maçons travaillaient.

bassin à chaux tout plein, blanc et uni comme de la crème.

« Comme cette chaux est blanche et jolie! se dit-elle, je ne l'avais jamais si bien vue; maman ne m'en laisse jamais approcher. Comme c'est uni! Ce

doit être doux et agréable sous les pieds. Je vais traverser tout le bassin en glissant dessus comme sur la glace. »

Et Sophie posa son pied sur la chaux, pensant que c'était solide comme la terre. Mais son pied enfonce; pour ne pas tomber. elle pose l'autre pied, et elle enfonce jusqu'à mi-jambes. Elle crie; un maçon accourt, l'enlève, la met par terre et lui dit :

« Enlevez vite vos souliers et vos bas, mamzelle; ils sont déjà tout brûlés; si vous les gardez, la chaux va vous brûler les jambes. »

Sophie regarde ses jambes : malgré la chaux qui tenait encore, elle voit que ses souliers et ses bas sont noirs comme s'ils sortaient du feu. Elle crie plus fort, et d'autant plus qu'elle commence à sentir les picotements de la chaux, qui lui brûlait les jambes. La bonne n'était pas loin, heureusement; elle accourt, voit sur-le-champ ce qui est arrivé, arrache les souliers et les bas de Sophie, lui essuie les pieds et les jambes avec son tablier, la prend dans ses bras et l'emporte à la maison. Au moment où Sophie était rapportée dans sa chambre, Mme de Réan rentrait pour payer le marchand de fleurs.

« Qu'y a-t-il donc? demanda Mme de Réan avec inquiétude. T'es-tu fait mal? Pourquoi es-tu nu-pieds? »

Sophie, honteuse, ne répondait pas. La bonne raconta à la maman ce qui était arrivé, et comment Sophie avait manqué d'avoir les jambes brûlées par la chaux.

« Si je ne m'étais pas trouvée tout près de la cour et si je n'étais pas arrivée juste à temps, elle aurait eu les jambes dans le même état que mon tablier. Que madame voie comme il est brûlé par la chaux; il est plein de trous. »

Mme de Réan vit en effet que le tablier de la bonne était perdu. Se tournant vers Sophie, elle lui dit :

« Mademoiselle, je devrais vous fouetter pour

votre désobéissance; mais le bon Dieu vous a déjà punie par la frayeur que vous avez eue. Vous n'aurez donc d'autre punition que de me donner, pour racheter un tablier neuf à votre bonne, la pièce de cinq francs que vous avez dans votre bourse et que vous gardiez pour vous amuser à la fête du village. »

Sophie eut beau pleurer, demander grâce pour sa pièce de cinq francs, la maman la lui prit. Sophie se dit, tout en pleurant, qu'une autre fois elle écouterait sa maman, et n'irait plus où elle ne devait pas aller.

IV

LES PETITS POISSONS

Sophie était étourdie; elle faisait souvent sans y penser de mauvaises choses.

Voici ce qui lui arriva un jour :

Sa maman avait des petits poissons pas plus longs qu'une épingle et pas plus gros qu'un tuyau de plume de pigeon. Mme de Réan aimait beaucoup ses petits poissons, qui vivaient dans une cuvette pleine d'eau au fond de laquelle il y avait du sable pour qu'ils pussent s'y enfoncer et s'y cacher. Tous les matins Mme de Réan portait du pain à ses petits poissons; Sophie s'amusait à les regarder pendant qu'ils se jetaient sur les miettes de pain et qu'ils se disputaient pour les avoir.

Un jour son papa lui donna un joli petit couteau en écaille; Sophie, enchantée de son couteau, s'en servait pour couper son pain, ses pommes, des biscuits, des fleurs, etc.

Un matin, Sophie jouait; sa bonne lui avait donné du pain, qu'elle avait coupé en petits morceaux, des amandes, qu'elle coupait en tranches, et des feuilles de salade; elle demanda à sa bonne de l'huile et du vinaigre pour faire la salade.

« Non, répondit la bonne; je veux bien vous donner du sel, mais pas d'huile ni de vinaigre, qui pourraient tacher votre robe. »

Sophie prit le sel, en mit sur sa salade; il lui en restait beaucoup.

« Si j'avais quelque chose à saler? se dit-elle. Je ne veux pas saler du pain; il me faudrait de la viande ou du poisson.... Oh! la bonne idée! Je vais saler les petits poissons de maman; j'en couperai quelques-uns en tranches avec mon couteau, je salerai les autres tout entiers; que ce sera amusant! Quel joli plat cela fera! »

Et voilà Sophie qui ne réfléchit pas que sa maman n'aura plus les jolis petits poissons qu'elle aime tant, que ces pauvres petits souffriront beaucoup d'être salés vivants ou d'être coupés en tranches. Sophie court dans le salon où étaient les petits poissons; elle s'approche de la cuvette, les pêche tous, les met dans une assiette de son ménage, retourne à sa petite table, prend quelques-uns de ces pauvres petits poissons, et les étend sur un plat. Mais les poissons, qui ne se sentaient pas à l'aise hors de l'eau, remuaient et sautaient tant qu'ils pouvaient. Pour les faire tenir tranquilles, Sophie leur verse du sel sur le dos, sur la tête, sur la queue. En effet, ils restent immobiles : les pauvres petits étaient morts. Quand son assiette fut pleine, elle en prit d'autres et se mit à les couper en

tranches. Au premier coup de couteau les malheureux poissons se tordaient en désespérés ; mais ils devenaient bientôt immobiles, parce qu'ils mouraient. Après le second poisson, Sophie s'aperçut qu'elle les tuait en les coupant en morceaux ; elle regarda avec inquiétude les poissons salés ; ne les voyant pas remuer, elle les examina attentivement et vit qu'ils étaient tous morts. Sophie devint rouge comme une cerise.

« Que va dire maman? se dit-elle. Que vais-je devenir, moi, pauvre malheureuse! Comment faire pour cacher cela? »

Elle réfléchit un moment. Son visage s'éclaircit; elle avait trouvé un moyen excellent pour que sa maman ne s'aperçût de rien.

Elle ramassa bien vite tous les poissons salés et coupés, les remit dans une petite assiette, sortit doucement de la chambre, et les reporta dans leur cuvette.

« Maman croira, dit-elle, qu'ils se sont battus, qu'ils se sont tous entre-déchirés et tués. Je vais essuyer mes assiettes, mon couteau, et ôter mon sel; ma bonne n'a pas heureusement remarqué que j'avais été chercher les poissons; elle est occupée de son ouvrage et ne pense pas à moi. » Sophie rentra sans bruit dans sa chambre, se remit à sa petite table et continua de jouer avec son ménage. Au bout de quelque temps elle se leva, prit un livre et se mit à regarder les images. Mais elle était inquiète; elle ne faisait pas attention aux images, elle croyait toujours entendre arriver sa maman.

Tout d'un coup, Sophie tressaille, rougit; elle entend la voix de Mme de Réan, qui appelait les domestiques; elle l'entend parler haut comme si elle grondait; les domestiques vont et viennent;

Mme de Réan appelait les domestiques.

Sophie tremble que sa maman n'appelle sa bonne, ne l'appelle elle-même; mais tout se calme, elle n'entend plus rien.

La bonne, qui avait aussi entendu du bruit et qui était curieuse, quitte son ouvrage et sort.

Elle rentre un quart d'heure après.

« Comme c'est heureux, dit-elle à Sophie, que nous ayons été toutes deux dans notre chambre sans en sortir! Figurez-vous que votre maman vient d'aller voir ses poissons; elle les a trouvés tous morts, les uns entiers, les autres coupés en morceaux. Elle a fait venir tous les domestiques pour leur demander quel était le méchant qui avait fait mourir ces pauvres petites bêtes; personne n'a pu ou n'a voulu rien dire. Je viens de la rencontrer; elle m'a demandé si vous aviez été dans le salon; j'ai heureusement pu lui répondre que vous n'aviez pas bougé d'ici, que vous vous étiez amusée à faire la dînette dans votre petit ménage. « C'est singulier, dit-elle, j'aurais parié que « c'est Sophie qui a fait ce beau coup. — Oh! « madame, lui ai-je répondu, Sophie n'est pas « capable d'avoir fait une chose si méchante. — « Tant mieux, dit votre maman, car je l'aurais « sévèrement punie. C'est heureux pour elle que « vous ne l'ayez pas quittée et que vous m'assuriez « qu'elle ne peut pas avoir fait mourir mes pauvres « poissons. — Oh! quant à cela, madame, j'en « suis bien certaine », ai-je répondu.

Sophie ne disait rien; elle restait immobile et

rouge, la tête baissée, les yeux pleins de larmes. Elle eut envie un instant d'avouer à sa bonne que c'était elle qui avait tout fait, mais le courage lui manqua. La bonne, la voyant triste, crut que c'était la mort des pauvres petits poissons qui l'affligeait.

« J'étais bien sûre, dit-elle, que vous seriez triste comme votre maman du malheur arrivé à ces pauvres petites bêtes. Mais il faut se dire que ces poissons n'étaient pas heureux dans leur prison : car enfin cette cuvette était une prison pour eux ; à présent que les voilà morts, ils ne souffrent plus. N'y pensez donc plus, et venez que je vous arrange pour aller au salon ; on va bientôt dîner. »

Sophie se laissa peigner, laver, sans dire mot ; elle entra au salon ; sa maman y était.

« Sophie, lui dit-elle, ta bonne t'a-t-elle raconté ce qui est arrivé à mes petits poissons?

SOPHIE.

Oui, maman.

MADAME DE RÉAN.

Si ta bonne ne m'avait pas assuré que tu étais restée avec elle dans ta chambre depuis que tu m'as quittée, j'aurais pensé que c'est toi qui les as fait mourir ; tous les domestiques disent que ce n'est aucun d'eux. Mais je crois que le domestique Simon, qui était chargé de changer tous les matins l'eau et le sable de la cuvette, a voulu se débarrasser de cet ennui, et qu'il a tué mes pauvres poissons pour ne plus avoir à les soigner. Aussi je le renverrai demain.

SOPHIE, *effrayée.*

Oh! maman, ce pauvre homme! Que deviendra-t-il avec sa femme et ses enfants?

MADAME DE RÉAN.

Tant pis pour lui; il ne devait pas tuer mes petits poissons, qui ne lui avaient fait aucun mal, et qu'il a fait souffrir en les coupant en morceaux.

SOPHIE.

Mais ce n'est pas lui, maman! Je vous assure que ce n'est pas lui!

MADAME DE RÉAN.

Comment sais-tu que ce n'est pas lui? moi je crois que c'est lui, que ce ne peut être que lui, et dès demain je le ferai partir.

SOPHIE, *pleurant et joignant les mains.*

Oh non! maman, ne le faites pas. C'est moi qui ai pris les petits poissons et qui les ai tués.

MADAME DE RÉAN, *avec surprise.*

Toi!... quelle folie! Toi qui aimais ces petits poissons, tu ne les aurais pas fait souffrir et mourir! Je vois bien que tu dis cela pour excuser Simon....

SOPHIE.

Non, maman, je vous assure que c'est moi; oui, c'est moi; je ne voulais pas les tuer, je voulais seulement les saler, et je croyais que le sel ne leur ferait pas de mal. Je ne croyais pas non plus que de les couper leur fît mal, parce qu'ils ne criaient pas. Mais, quand je les ai vus morts, je les ai reportés dans leur cuvette, sans que ma bonne, qui travaillait, m'ait vu sortir ni rentrer. »

Mme de Réan resta quelques instants si étonnée de l'aveu de Sophie, qu'elle ne répondit pas. Sophie leva timidement les yeux et vit ceux de sa mère fixés sur elle, mais sans colère ni sévérité.

« Sophie, dit enfin Mme de Réan, si j'avais appris par hasard, c'est-à-dire par la permission de Dieu, qui punit toujours les méchants, ce que tu viens de me raconter, je t'aurais punie sans pitié et avec sévérité. Mais le bon sentiment qui t'a fait avouer ta faute pour excuser Simon, te vaudra ton pardon. Je ne te ferai donc pas de reproches, car je suis bien sûre que tu sens combien tu as été cruelle pour ces pauvres petits poissons en ne réfléchissant pas d'abord que le sel devait les tuer, ensuite qu'il est impossible de couper et de tuer n'importe qu'elle bête sans qu'elle souffre. »

Et, voyant que Sophie pleurait, elle ajouta :

« Ne pleure pas, Sophie, et n'oublie pas qu'avouer tes fautes, c'est te les faire pardonner. »

Sophie essuya ses yeux, elle remercia sa maman, mais elle resta toute la journée un peu triste d'avoir causé la mort de ses petits amis les poissons.

V

LE POULET NOIR

Sophie allait tous les matins avec sa maman dans la basse-cour, où il y avait des poules de différentes espèces et très belles. Mme de Réan avait fait couver des œufs desquels devaient sortir des poules huppées superbes. Tous les jours, elle allait voir avec Sophie si les poulets étaient sortis de leur œuf. Sophie emportait dans un petit panier du pain, qu'elle émiettait aux poules. Aussitôt qu'elle arrivait, toutes les poules, tous les coqs accouraient, sautaient autour d'elle, becquetaient le pain presque dans ses mains et dans son panier. Sophie riait, courait; les poules la suivaient : ce qui l'amusait beaucoup.

Pendant ce temps, sa maman entrait dans une grande et belle galerie où demeuraient les poules; elles étaient logées comme des princesses et soignées mieux que beaucoup de princesses. Sophie venait la rejoindre quand tout son pain était émietté; elle regardait les petits poulets sortir de leur coquille, et qui étaient trop jeunes encore pour courir dans les champs. Un matin, quand Sophie entra au poulailler, elle vit sa maman qui tenait un magnifique poulet, né depuis une heure.

SOPHIE.

Ah! le joli poulet, maman! ses plumes sont noires comme celles d'un corbeau.

MADAME DE RÉAN.

Regarde aussi quelle jolie huppe il a sur la tête; ce sera un magnifique poulet.

Mme de Réan le replaça près de la poule couveuse. A peine l'avait-elle posé, que la poule donna un grand coup de bec au pauvre poulet. Mme de Réan donna une tape sur le bec de la méchante poule, releva le petit poulet, qui était tombé en criant, et le remit près de la poule. Cette fois la poule, furieuse, donna au pauvre petit deux ou trois coups de bec et le poursuivit quand il chercha à revenir.

Mme de Réan accourut et saisit le poulet, que la mère allait tuer à force de coups de bec. Elle lui fit avaler une goutte d'eau pour le ranimer.

« Qu'allons-nous faire de ce poulet? dit-elle; impossible de le laisser avec sa méchante mère, elle le tuerait; il est si beau que je voudrais pourtant l'élever.

SOPHIE.

Écoutez, maman, mettez-le, dans un grand panier, dans la chambre où sont mes joujoux; nous lui donnerons à manger, et, quand il sera grand, nous le remettrons au poulailler.

MADAME DE RÉAN.

Je crois que tu as raison; emporte-le dans ton

panier à pain, et arrangeons-lui un lit.

SOPHIE.

Oh! maman! regardez son cou; il saigne, et son dos aussi.

MADAME DE RÉAN.

Ce sont les coups de bec de la poule; quand tu l'auras rapporté à la maison, tu demanderas à ta bonne du cérat et tu lui en mettras sur ses plaies. »

Sophie n'était certainement pas contente de voir des blessures au poulet, mais elle était enchantée d'avoir à y mettre du cérat; elle courut donc en avant de sa maman, montra à sa bonne le poulet, demanda du cérat et lui en mit des paquets sur chaque place qui saignait. Ensuite elle lui prépara une pâtée d'œufs, de pain et de lait, qu'elle écrasa et mêla pendant une heure. Le poulet souffrait, il était triste, il ne voulut pas manger; il but seulement plusieurs fois de l'eau fraîche.

Au bout de trois jours les plaies du poulet furent guéries, et il se promenait devant le perron du jardin. Un mois après il était devenu d'une beauté remarquable et très grand pour son âge; on lui aurait donné trois mois pour le moins; ses plumes étaient d'un noir bleu très rare, lisses et brillantes comme s'il sortait de l'eau. Sa tête était couverte d'une énorme huppe de plumes noires, oranges, bleues, rouges et blanches. Son bec et ses pattes étaient roses; sa démarche était fière, ses yeux étaient vifs et brillants; on n'avait jamais vu un plus beau poulet.

C'était Sophie qui s'était chargée de le soigner; c'était elle qui lui apportait à manger; c'était elle qui le gardait lorsqu'il se promenait devant la maison. Dans peu de jours on devait le remettre au poulailler, parce qu'il devenait trop difficile à garder. Sophie était quelquefois obligée de courir après lui pendant une demi-heure sans pouvoir le rattraper; une fois même il avait manqué se noyer en se jetant dans un bassin plein d'eau qu'il n'avait pas vu, tant il courait vite pour se sauver de Sophie.

Elle avait essayé de lui attacher un ruban à la patte, mais il s'était tant débattu qu'il avait fallu le détacher, de peur qu'il ne se cassât la jambe. La maman lui défendit alors de le laisser sortir du poulailler.

« Il y a ici beaucoup de vautours qui pourraient

l'enlever; il faut donc attendre qu'il soit grand pour le laisser en liberté », dit Mme de Réan.

Mais Sophie, qui n'était pas obéissante, continuait de le faire sortir en cachette de sa maman, et un jour, sachant sa maman occupée à écrire, elle apporta le poulet devant la maison; il s'amusait à chercher des moucherons et des vers dans le sable et dans l'herbe. Sophie peignait sa poupée à quelques pas du poulet, qu'elle regardait souvent, pour l'empêcher de s'éloigner. En levant les yeux, elle vit avec surprise un gros oiseau au bec crochu qui s'était posé à trois pas du poulet. Il regardait le poulet d'un air féroce, et Sophie d'un air craintif. Le poulet ne bougeait pas; il s'était accroupi et il tremblait.

« Quel drôle d'oiseau! dit Sophie. Il est beau, mais quel air singulier il a! quand il me regarde,

il a l'air d'avoir peur, et, quand il regarde le poulet, il lui fait des yeux furieux! Ha, ha, ha, qu'il est drôle! »

Au même instant l'oiseau pousse un cri perçant et sauvage, s'élance sur le poulet, qui répond par un cri plaintif, le saisit dans ses griffes et l'emporte en s'envolant à tire-d'aile.

Sophie resta stupéfaite; la maman, qui était accourue aux cris de l'oiseau, demande à Sophie ce qui était arrivé. Sophie raconte qu'un oiseau a emporté le poulet, et ne comprend pas ce que cela veut dire.

« Cela veut dire que vous êtes une petite désobéissante, que l'oiseau est un vautour; que vous lui avez laissé emporter mon beau poulet, qui est tué, dévoré par ce méchant oiseau, et que vous allez rentrer dans votre chambre, où vous dînerez, et où vous resterez jusqu'à ce soir, pour vous apprendre à être plus obéissante une autre fois. »

Sophie baissa la tête et s'en alla tristement dans sa chambre; elle dîna avec la soupe et le plat de viande que lui apporta sa bonne, qui l'aimait et qui pleurait de la voir pleurer. Sophie pleurait son pauvre poulet, qu'elle regretta bien longtemps.

VI

L'ABEILLE

Sophie et son cousin Paul jouaient un jour dans leur chambre; ils s'amusaient à attraper des mouches qui se promenaient sur les carreaux de la fenêtre; à mesure qu'ils en attrapaient, ils les mettaient dans une petite boîte en papier que leur avait faite leur papa.

Quand ils en eurent attrapé beaucoup, Paul voulut voir ce qu'elles faisaient dans la boîte.

« Donne-moi la boîte, dit-il à Sophie qui la tenait; nous allons regarder ce que font les mouches. »

Sophie la lui donna; ils entr'ouvrirent avec beaucoup de précaution la petite porte de la boîte. Paul mit son œil contre l'ouverture et s'écria :

« Ah! que c'est drôle! comme elles remuent! elles se battent; en voilà une qui arrache une

patte à son amie,.... les autres sont en colère....
Oh! comme elles se battent! en voilà quelques-
unes qui tombent! les voilà qui se relèvent....

— Laisse-moi regarder à mon tour, Paul », dit
Sophie.

Paul ne répondit pas et continua à regarder et
à raconter ce qu'il voyait.

Sophie s'impatientait; elle prit un coin de la
boîte et tira tout doucement; Paul tira de son
côté; Sophie se fâcha et tira un peu plus fort;
Paul tira plus fort encore; Sophie donna une telle
secousse à la boîte, qu'elle la déchira. Toutes les
mouches s'élancèrent dehors et se posèrent sur
les yeux, sur les joues, sur le nez de Paul et de
Sophie, qui les chassaient en se donnant de
grandes tapes.

« C'est ta faute, disait Sophie à Paul; si tu avais
été plus complaisant, tu m'aurais donné la boîte
et nous ne l'aurions pas déchirée.

— Non, c'est ta faute, répondait Paul; si tu
avais été moins impatiente, tu aurais attendu la
boîte et nous l'aurions encore.

SOPHIE.

Tu es égoïste, tu ne penses qu'à toi.

PAUL.

Et toi, tu es colère comme les dindons de la
ferme.

SOPHIE.

Je ne suis pas colère du tout, monsieur; seulement je trouve que vous êtes méchant.

PAUL.

Je ne suis pas méchant, mademoiselle; seulement je vous dis la vérité, et c'est pourquoi vous êtes rouge de colère comme les dindons avec leurs crêtes rouges.

SOPHIE.

Je ne veux plus jouer avec un méchant garçon comme vous, monsieur.

PAUL.

Moi non plus, je ne veux pas jouer avec une méchante fille comme vous, mademoiselle. »

Et tous deux allèrent bouder chacun dans son coin. Sophie s'ennuya bien vite, mais elle voulut faire croire à Paul qu'elle s'amusait beaucoup; elle se mit donc à chanter et à attraper encore des mouches; mais il n'y en avait plus beaucoup, et celles qui restaient ne se laissaient pas prendre.

Tout à coup elle aperçoit avec joie une grosse abeille qui se tenait bien tranquille dans un petit coin de la fenêtre. Sophie savait que les abeilles piquent; aussi ne chercha-t-elle pas à la prendre avec ses doigts; elle tira son mouchoir de sa poche, le posa sur l'abeille et la saisit avant que la pauvre bête eût eu le temps de se sauver.

Paul, qui s'ennuyait de son côté, regardait Sophie et la vit prendre l'abeille.

« Que vas-tu faire de cette bête? lui demanda-t-il.

SOPHIE, *avec rudesse.*

Laisse-moi tranquille, méchant, cela ne te regarde pas.

PAUL, *avec ironie.*

Pardon, mademoiselle la furieuse, je vous demande bien pardon de vous avoir parlé et d'avoir oublié que vous étiez mal élevée et impertinente.

SOPHIE, *faisant une révérence moqueuse.*

Je dirai à maman, monsieur, que vous me trouvez mal élevée; comme c'est elle qui m'élève, elle sera bien contente de le savoir.

PAUL, *avec inquiétude.*

Non, Sophie, ne lui dis pas : on me gronderait

SOPHIE.

Oui, je le lui dirai; si l'on te gronde, tant mieux; j'en serai bien contente.

PAUL.

Méchante, va! je ne veux plus te dire un mot. »

Et Paul retourna sa chaise pour ne pas voir Sophie, qui était enchantée d'avoir fait peur à Paul et qui recommença à s'occuper de son abeille. Elle leva tout doucement un petit coin du mou-

choir, serra un peu l'abeille entre ses doigts à travers le mouchoir, pour l'empêcher de s'envoler, et tira de sa poche son petit couteau.

« Je vais lui couper la tête, se dit-elle, pour la punir de toutes les piqûres qu'elle a faites. »

En effet, Sophie posa l'abeille par terre en la

tenant toujours à travers le mouchoir, et d'un coup de couteau elle lui coupa la tête; puis, comme elle trouva que c'était très amusant, elle continua de la couper en morceaux.

Elle était si occupée de l'abeille, qu'elle n'entendit pas entrer sa maman, qui, la voyant à genoux et presque immobile, s'approcha tout doucement pour voir ce qu'elle faisait; elle la vit coupant la dernière patte de la pauvre abeille.

Indignée de la cruauté de Sophie, Mme de Réan lui tira fortement l'oreille.

Sophie poussa un cri, se releva d'un bond et resta tremblante devant sa maman.

« Vous êtes une méchante fille, mademoiselle, vous faites souffrir cette bête malgré ce que je vous ai dit quand vous avez salé et coupé mes pauvres petits poissons....

SOPHIE.

J'ai oublié, maman, je vous assure.

MADAME DE RÉAN.

Je vous en ferai souvenir, mademoiselle, d'abord en vous ôtant votre couteau, que je ne vous rendrai que dans un an, et puis en vous obligeant de porter à votre cou ces morceaux de l'abeille enfilés dans un ruban, jusqu'à ce qu'ils tombent en poussière. »

Sophie eut beau prier, supplier sa maman de ne pas lui faire porter l'abeille en collier, la maman appela la bonne, se fit apporter un ruban noir, enfila les morceaux de l'abeille et les attacha au cou de Sophie. Paul n'osait rien dire ; il était consterné ; quand Sophie resta seule, sanglotant et honteuse de son collier, Paul chercha à la consoler par tous les moyens possibles ; il l'embrassait, lui demandait pardon de lui avoir dit des sottises, et

voulait lui faire croire que les couleurs jaune, orange, bleue et noire de l'abeille faisaient un très joli effet et ressemblaient à un collier de jais et de pierreries. Sophie le remercia de sa bonté ; elle fut un peu consolée par l'amitié de son cousin ; mais elle resta très chagrine de son collier. Pendant une semaine, les morceaux de l'abeille restèrent entiers; mais enfin, un beau jour, Paul, en jouant avec elle, les écrasa si bien qu'il ne resta plus que le ruban. Il courut en prévenir sa tante, qui lui permit d'ôter le cordon noir. Ce fut ainsi que Sophie en fut débarrassée, et depuis elle ne fit jamais souffrir aucun animal.

VII

LES CHEVEUX MOUILLÉS

Sophie était coquette; elle aimait à être bien mise et à être trouvée jolie. Et pourtant elle n'était pas jolie; elle avait une bonne grosse figure bien fraîche, bien gaie, avec de très beaux yeux gris, un nez en l'air et un peu gros, une bouche grande et toujours prête à rire, des cheveux blonds, pas frisés, et coupés court comme ceux d'un garçon. Elle aimait à être bien mise et elle était toujours très mal habillée : une simple robe en percale blanche, décolletée et à manches courtes, hiver comme été, des bas un peu gros et des souliers de peau noire. Jamais de chapeau ni de gants. Sa maman pensait qu'il était bon de l'habituer au soleil, à la pluie, au vent, au froid.

Ce que Sophie désirait beaucoup, c'était d'avoir les cheveux frisés. Elle avait un jour entendu admirer les jolis cheveux blonds frisés d'une de ses petites amies, Camille de Fleurville, et depuis elle avait toujours tâché de faire friser les siens. Entre autres inventions, voici ce qu'elle imagina de plus malheureux.

Un après-midi il pleuvait très fort et il faisait très chaud, de sorte que les fenêtres et la porte du perron étaient restées ouvertes. Sophie était à la porte; sa maman lui avait défendu de sortir; de temps en temps elle allongeait le bras pour recevoir la pluie; puis elle allongea un peu le cou pour en recevoir quelques gouttes sur la tête. En passant sa tête ainsi en dehors, elle vit que la gouttière débordait et qu'il en tombait un grand jet d'eau de pluie. Elle se souvint en même temps que les cheveux de Camille frisaient mieux quand ils étaient mouillés.

« Si je mouillais les miens, dit-elle, ils friseraient peut-être! »

Et voilà Sophie qui sort malgré la pluie, qui met sa tête sous la gouttière, et qui reçoit, à sa grande joie, toute l'eau sur la tête, sur le cou, sur les bras, sur le dos. Lorsqu'elle fut bien mouillée, elle rentra au salon et se mit à essuyer sa tête avec son mouchoir, en ayant soin de rebrousser ses cheveux pour les faire friser. Son mouchoir fut trempé en une minute; Sophie voulut courir dans sa chambre pour en demander un autre à sa bonne, lorsqu'elle se trouva nez à nez avec sa maman. Sophie, toute mouillée, les cheveux hérissés, l'air

Et voilà Sophie qui met sa tête sous la gouttière.

effaré, resta immobile et tremblante. La maman, étonnée d'abord, lui trouva une figure si ridicule qu'elle éclata de rire:

« Voilà une belle idée que vous avez eue, mademoiselle! lui dit-elle. Si vous voyiez la figure que vous avez, vous ririez de vous-même comme je le fais maintenant. Je vous avais défendu de sortir; vous avez désobéi comme d'habitude; pour votre punition vous allez rester à dîner comme vous êtes, les cheveux en l'air, la robe trempée, afin que votre papa et votre cousin Paul voient vos belles inventions. Voici un mouchoir pour achever de vous essuyer la figure, le cou et les bras. »

Au moment où Mme de Réan finissait de parler, Paul entra avec M. de Réan; tous deux s'arrêtèrent stupéfaits devant la pauvre Sophie, rouge, honteuse, désolée et ridicule; et tous deux éclatèrent de rire. Plus Sophie rougissait et baissait la tête, plus elle prenait un air embarrassé et malheureux, et plus ses cheveux ébouriffés et ses vêtements mouillés lui donnaient un air risible. Enfin M. de Réan demanda ce que signifiait cette mascarade et si Sophie allait dîner en mardi gras de carnaval.

MADAME DE RÉAN.

C'est sans doute une invention pour faire friser ses cheveux; elle veut absolument qu'ils frisent comme ceux de Camille, qui mouille les siens pour les faire friser; Sophie a pensé qu'il en serait de même pour elle.

M. DE RÉAN.

Ce que c'est que d'être coquette! On veut se rendre jolie et l'on se rend affreuse.

PAUL.

Ma pauvre Sophie, va vite te sécher, te peigner et te changer. Si tu savais comme tu es drôle, tu ne voudrais pas rester deux minutes comme tu es.

MADAME DE RÉAN.

Non, elle va dîner avec sa belle coiffure en l'air et avec sa robe pleine de sable et d'eau....

PAUL, *interrompant et avec compassion.*

Oh! ma tante, je vous en prie, pardonnez-lui, et permettez-lui d'aller se peigner et changer de robe. Pauvre Sophie, elle a l'air si malheureux!

M. DE RÉAN.

Je fais comme Paul, chère amie, et je demande grâce pour cette fois. Si elle recommence, ce sera différent.

SOPHIE, *pleurant.*

Je vous assure, papa, que je ne recommencerai pas.

MADAME DE RÉAN.

Pour faire plaisir à votre papa, mademoiselle, je vous permets d'aller dans votre chambre et de vous déshabiller; mais vous ne dînerez pas avec nous; vous ne viendrez au salon que lorsque nous serons sortis de table.

PAUL.

Oh! ma tante, permettez-lui....

Ses cheveux ébouriffés et ses vêtements mouillés lui donnait un air risible. (Page 57.)

MADAME DE RÉAN.

Non, Paul, ne me demande plus rien; ce sera comme je l'ai dit. (*A Sophie.*) Allez, mademoiselle.

Sophie dîna dans sa chambre, après avoir été peignée et habillée. Paul vint la chercher après dîner et l'emmena jouer dans un salon où étaient les joujoux. Depuis ce jour Sophie n'essaya plus de se mettre à la pluie pour faire friser ses cheveux.

VIII

LES SOURCILS COUPÉS

Une autre chose que Sophie désirait beaucoup, c'était d'avoir des sourcils très épais. On avait dit un jour devant elle que la petite Louise de Berg

serait jolie si elle avait des sourcils. Sophie en avait peu et ils étaient blonds, de sorte qu'on ne les voyait pas beaucoup. Elle avait entendu dire aussi que, pour faire épaissir et grandir les cheveux, il fallait les couper souvent.

Sophie se regarda un jour à la glace, et trouva que ses sourcils étaient trop maigres.

« Puisque, dit-elle, les cheveux deviennent plus épais quand on les coupe, les sourcils, qui sont de petits cheveux, doivent faire de même. Je vais donc les couper pour qu'ils repoussent très épais. »

Et voilà Sophie qui prend des ciseaux et qui coupe ses sourcils aussi court que possible. Elle se regarde dans la glace, trouve que cela lui fait une figure toute drôle, et n'ose pas rentrer au salon.

« J'attendrai, dit-elle, que le dîner soit servi; on ne pensera pas à me regarder pendant qu'on se mettra à table. »

Mais sa maman, ne la voyant pas venir, envoya le cousin Paul pour la chercher.

« Sophie, Sophie, es-tu là? s'écria Paul en entrant. Que fais-tu? viens dîner.

— Oui, oui, j'y vais », répondit Sophie en marchant à reculons, pour que Paul ne vît pas ses sourcils coupés.

Sophie pousse la porte et entre.

A peine a-t-elle mis les pieds dans le salon, que tout le monde la regarde et éclate de rire.

« Quelle figure! dit M. de Réan.

— Elle a coupé ses sourcils, dit Mme de Réan.

— Qu'elle est drôle! qu'elle est drôle! dit Paul.

— C'est étonnant comme ses sourcils coupés la changent, dit M. d'Aubert, le papa de Paul.

— Je n'ai jamais vu une plus singulière figure », dit Mme d'Aubert.

Sophie restait les bras pendants, la tête baissée,

ne sachant où se cacher. Aussi fut-elle presque contente quand sa maman lui dit :

« Allez-vous-en dans votre chambre, mademoiselle, vous ne faites que des sottises. Sortez, et que je ne vous voie plus de la soirée. »

Sophie s'en alla; sa bonne se mit à rire à son tour quand elle vit cette grosse figure toute rouge

et sans sourcils. Sophie eut beau se fâcher, toutes les personnes qui la voyaient riaient aux éclats et lui conseillaient de dessiner avec du charbon la place de ses sourcils. Un jour Paul lui apporta un tout petit paquet bien ficelé, bien cacheté.

« Voici, Sophie, un présent que t'envoie papa, dit Paul d'un petit air malicieux.

— Qu'est-ce que c'est? » dit Sophie, en prenant le paquet avec empressement.

Le paquet fut ouvert : il contenait deux énormes sourcils bien noirs, bien épais. « C'est pour que tu les colles à la place où il n'y en a plus », dit Paul. Sophie rougit, se fâcha et les jeta au nez de Paul, qui s'enfuit en riant.

Ses sourcils furent plus de six mois à repousser, et ils ne revinrent jamais aussi épais que le désirait Sophie; aussi, depuis ce temps, Sophie ne chercha plus à se faire de beaux sourcils.

IX

LE PAIN DES CHEVAUX

Sophie était gourmande. Sa maman savait que trop manger est mauvais pour la santé; aussi défendait-elle à Sophie de manger entre ses repas : mais Sophie, qui avait faim, mangeait tout ce qu'elle pouvait attraper.

Mme de Réan allait tous les jours après déjeuner, vers deux heures, donner du pain et du sel aux chevaux de M. de Réan; il en avait plus de cent.

Sophie suivait sa maman avec un panier plein de morceaux de pain bis, et lui en présentait un dans chaque stalle où elle entrait; mais sa maman lui défendait sévèrement d'en manger, parce que ce pain noir et mal cuit lui ferait mal à l'estomac.

Elle finissait par l'écurie des poneys. Sophie avait un poney à elle, que lui avait donné son papa : c'était un tout petit cheval noir, pas plus grand qu'un petit âne; on lui permettait de donner elle-même du pain à son poney. Souvent elle mordait dedans avant de le lui présenter.

Un jour qu'elle avait plus envie de ce pain bis que de coutume, elle prit le morceau dans ses doigts, de manière à n'en laisser passer qu'un petit bout.

« Le poney mordra ce qui dépasse mes doigts, dit-elle, et je mangerai le reste. »

Elle présenta le pain à son petit cheval, qui saisit le morceau et en même temps le bout du doigt de Sophie, qu'il mordit violemment. Sophie n'osa pas crier, mais la douleur lui fit lâcher le pain, qui tomba à terre : le cheval laissa alors le doigt pour manger le pain.

Le doigt de Sophie saignait si fort, que le sang coulait à terre. Elle tira son mouchoir et s'enveloppa le doigt bien serré, ce qui arrêta le sang, mais pas avant que le mouchoir eût été trempé. Sophie cacha sa main enveloppée sous son tablier, et la maman ne vit rien.

Mais, quand on se mit à table pour dîner, il fallut bien que Sophie montrât sa main, qui n'était pas encore assez guérie pour que le sang fût tout à fait arrêté. Il arriva donc qu'en prenant sa cuiller, son verre, son pain, elle tachait la nappe. Sa maman s'en aperçut.

« Qu'as-tu donc aux mains, Sophie? dit-elle; la nappe est remplie de taches de sang tout autour de ton assiette.

Elle présenta le pain à son petit cheval.

Sophie ne répondit rien.

MADAME DE RÉAN.

N'entends-tu pas ce que je te demande? D'où vient le sang qui tache la nappe?

SOPHIE.

Maman,... c'est.... c'est.... de mon doigt.

MADAME DE RÉAN.

Qu'as-tu au doigt? Depuis quand y as-tu mal?

SOPHIE.

Depuis ce matin, maman. C'est mon poney qui m'a mordue.

MADAME DE RÉAN.

Comment ce poney, qui est doux comme un agneau, a-t-il pu te mordre?

SOPHIE.

C'est en lui donnant du pain, maman.

MADAME DE RÉAN.

Tu n'as donc pas mis le pain dans ta main toute grande ouverte, comme je te l'ai tant de fois recommandé?

SOPHIE.

Non, maman; je tenais le pain dans mes doigts.

MADAME DE RÉAN.

Puisque tu es si sotte, tu ne donneras plus de pain à ton cheval.

Sophie se garda bien de répondre; elle pensa qu'elle aurait toujours le panier dans lequel on mettait le pain pour les chevaux, et qu'elle en prendrait par-ci par-là un morceau.

Le lendemain donc, elle suivait sa maman dans

les écuries, et, tout en lui présentant les morceaux de pain, elle en prit un, qu'elle cacha dans sa poche et qu'elle mangea pendant que sa maman ne la regardait pas.

Quand on arriva au dernier cheval, il n'y avait plus rien à lui donner. Le palefrenier assura qu'il avait mis dans le panier autant de morceaux qu'il y avait de chevaux. La maman lui fit voir qu'il en manquait un. Tout en parlant, elle regarda Sophie, qui, la bouche pleine, se dépêchait d'avaler la dernière bouchée du morceau qu'elle avait pris. Mais elle eut beau se dépêcher et avaler son pain sans même se donner le temps de le mâcher, la maman vit bien qu'elle mangeait et que c'était tout juste le morceau qui manquait ; le cheval attendait son pain et témoignait son impatience en grattant la terre du pied et en hennissant.

« Petite gourmande, dit Mme de Réan, pendant que je ne vous regarde pas, vous volez le pain de mes pauvres chevaux et vous me désobéissez, car vous savez combien de fois je vous ai défendu d'en manger. Allez dans votre chambre, mademoiselle ; vous ne viendrez plus avec moi donner à manger aux chevaux, et je ne vous enverrai pour votre dîner que du pain et de la soupe au pain, puisque vous l'aimez tant. »

Sophie baissa tristement la tête et alla à pas lents à la maison et dans sa chambre.

« Hé bien ! hé bien ! lui dit sa bonne, vous voilà encore avec un visage triste? Êtes-vous encore en pénitence? Quelle nouvelle sottise avez-vous faite?

— J'ai seulement mangé du pain des chevaux, répondit Sophie en pleurant; je l'aime tant! Le panier était si plein que je croyais que maman ne s'en apercevrait pas. Je n'aurai que de la soupe et

du pain sec à dîner », ajouta-t-elle en pleurant plus fort.

La bonne la regarda avec pitié et soupira. Elle gâtait Sophie; elle trouvait que sa maman était quelquefois trop sévère, et elle cherchait à la consoler et à rendre ses punitions moins dures. Aussi, quand un domestique apporta la soupe, le morceau de pain et le verre d'eau qui devaient faire le dîner de Sophie, elle les prit avec humeur, les posa sur une table et alla ouvrir une armoire, d'où elle tira un gros morceau de fromage et un pot de confitures; puis elle dit à Sophie :

« Tenez, mangez d'abord le fromage avec votre pain, puis les confitures. » Et, voyant que Sophie hésitait, elle ajouta : « Votre maman ne vous envoie que du pain, mais elle ne m'a pas défendu de mettre quelque chose dessus.

SOPHIE.

Mais, quand maman me demandera si on m'a donné quelque autre chose avec mon pain, il faudra bien le dire, et alors....

LA BONNE.

Alors, alors vous direz que je vous ai donné du fromage et des confitures, que je vous ai ordonné d'en manger, et je me charge de lui expliquer que je n'ai pas voulu vous laisser manger votre pain sec, parce que cela ne vaut rien pour l'estomac, et qu'on donne aux prisonniers même autre chose que du pain. »

La bonne faisait très mal en conseillant à Sophie de manger en cachette ce que sa maman lui défendait; mais Sophie, qui était bien jeune et qui avait envie du fromage qu'elle aimait beaucoup et des confitures qu'elle aimait plus encore, obéit avec plaisir et fit un excellent dîner; sa bonne ajouta un peu de vin à son eau, et, pour remplacer le dessert, lui donna un verre d'eau et de vin sucré, dans lequel Sophie trempa ce qui lui restait de pain.

« Savez-vous ce qu'il faudra faire une autre fois, quand vous serez punie ou que vous aurez envie de manger? Venez me le dire; je trouverai bien quelque chose de bon à vous donner, et qui vaudra mieux que ce mauvais pain noir des chevaux et des chiens. »

Sophie promit à sa bonne qu'elle n'oublierait pas sa recommandation chaque fois qu'elle aurait envie de quelque chose de bon.

X

LA CRÈME ET LE PAIN CHAUD

Sophie était gourmande, nous l'avons déjà dit; elle n'oublia donc pas ce que sa bonne lui avait recommandé, et, un jour qu'elle avait peu déjeuné, parce qu'elle avait su que la fermière devait apporter quelque chose de bon à sa bonne, elle lui dit qu'elle avait faim.

« Ah bien! répondit la bonne, cela se trouve à merveille : la fermière vient de me faire cadeau d'un grand pot de crème et d'un pain bis tout frais. Je vais vous en faire manger; vous verrez comme c'est bon! »

Et elle apporta sur la table un pain tout chaud et un grand vase plein d'une crème épaisse excellente. Sophie se jeta dessus comme une affamée. Au moment même où la bonne lui disait de ne pas trop en manger, elle entendit la voix de la maman qui appelait : « Lucie! Lucie! » (C'était le nom de la bonne.)

Lucie courut tout de suite chez Mme de Réan pour savoir ce qu'elle désirait ; c'était pour lui dire de préparer et de commencer un ouvrage pour Sophie.

« Elle aura bientôt quatre ans, dit Mme de Réan, il est temps qu'elle apprenne à travailler.

LA BONNE.

Mais quel ouvrage madame veut-elle que fasse une enfant si jeune?

MADAME DE RÉAN.

Préparez-lui une serviette à ourler, ou un mouchoir. »

La bonne ne répondit rien, et sortit du salon d'assez mauvaise humeur.

En entrant chez elle, elle vit Sophie qui mangeait encore. Le pot de crème était presque vide et il manquait un énorme morceau de pain.

« Ah! mon Dieu! s'écria-t-elle tout en préparant un ourlet pour Sophie, vous allez vous rendre malade! Est-il possible que vous ayez avalé tout cela? Que dira votre maman, si elle vous voit souffrante? Vous allez me faire gronder!

SOPHIE.

Soyez tranquille, ma bonne ; j'avais très grand'-faim, et je ne serai pas malade. C'est si bon, la crème et le pain tout chaud!

LA BONNE.

Oui, mais c'est bien lourd à l'estomac. Dieu!

Le pot de crème était presque vide.

quel énorme morceau de pain vous avez mangé ! j'ai peur, très peur que vous ne soyez malade.

SOPHIE, *l'embrassant.*

Non, ma chère Lucie, soyez tranquille, je vous assure que je me porte très bien. »

La bonne lui donna un petit mouchoir à ourler et lui dit de le porter à sa maman, qui voulait la faire travailler.

Sophie courut au salon où l'attendait sa maman, et lui présenta le mouchoir. La maman montra à Sophie comment il fallait piquer et tirer l'aiguille ; ce fut très mal fait pour commencer ; mais, après quelques points, elle fit assez bien et trouva que c'était très amusant de travailler.

« Voulez-vous me permettre, maman, dit-elle, de montrer mon ouvrage à ma bonne ?

— Oui, tu peux y aller, et ensuite tu reviendras ranger toutes tes affaires et jouer dans ma chambre. »

Sophie courut chez sa bonne, qui fut fort étonnée de voir l'ourlet presque fini et si bien fait. Elle lui demanda avec inquiétude si elle n'avait pas mal à l'estomac.

« Non, ma bonne, pas du tout, dit Sophie ; seulement je n'ai pas faim.

— Je le crois bien, après tout ce que vous avez mangé. Mais retournez vite près de votre maman, de crainte qu'elle ne vous gronde. »

Sophie retourna au salon, rangea toutes ses affaires et se mit à jouer. Tout en jouant, elle se sentit mal à l'aise, la crème et le pain chaud lui pesaient sur l'estomac; elle avait mal à la tête; elle s'assit sur sa petite chaise et resta sans bouger et les yeux fermés.

La maman, n'entendant plus de bruit, se retourna et vit Sophie pâle et l'air souffrant.

« Qu'as-tu, Sophie? dit-elle avec inquiétude; es-tu malade?

— Je suis souffrante, maman, répondit-elle; j'ai mal à la tête.

— Depuis quand donc?

— Depuis que j'ai fini de ranger mon ouvrage.

— As-tu mangé quelque chose? »

Sophie hésita et répondit bien bas :

« Non, maman, rien du tout.

— Je vois que tu mens; je vais aller le demander à ta bonne, qui me le dira. »

La maman sortit et resta quelques minutes absente. Quand elle revint, elle avait l'air très fâché.

« Vous avez menti, mademoiselle; votre bonne m'a avoué qu'elle vous avait donné du pain chaud et de la crème, et que vous en aviez mangé comme une gloutonne. Tant pis pour vous, parce que vous allez être malade et que vous ne pourrez pas venir dîner demain chez votre tante d'Aubert, avec votre cousin Paul. Vous y auriez vu Camille et Madeleine de Fleurville; mais, au lieu de vous amuser, de courir dans les bois pour chercher des fraises, vous resterez toute seule à la maison et vous ne mangerez que de la soupe. »

Mme de Réan prit la main de Sophie, la trouva brûlante et l'emmena pour la faire coucher.

« Je vous défends, dit-elle à la bonne, de rien donner à manger à Sophie jusqu'à demain; faites-lui boire de l'eau ou de la tisane de feuilles d'oranger, et, si jamais vous recommencez ce que vous avez fait ce matin, je vous renverrai immédiatement. »

La bonne se sentait coupable; elle ne répondit pas. Sophie, qui était réellement malade, se laissa mettre dans son lit sans rien dire. Elle passa une mauvaise nuit, très agitée; elle souffrait de la tête et de l'estomac; vers le matin elle s'endormit. Quand elle se réveilla, elle avait encore un peu mal à la tête, mais le grand air lui fit du bien. La journée se passa tristement pour elle à regretter le dîner de sa tante.

Pendant deux jours encore, elle fut souffrante. Depuis ce temps elle prit en tel dégoût la crème et le pain chaud, qu'elle n'en mangea jamais.

Elle allait quelquefois avec son cousin et ses amies chez les fermières du voisinage; tout le monde autour d'elle mangeait avec délices de la crème et du pain bis, Sophie seul ne mangeait rien; la vue de cette bonne crème épaisse et mousseuse et de ce pain de ferme lui rappelait ce qu'elle avait souffert pour en avoir trop mangé; et lui donnait mal au cœur. Depuis ce temps aussi elle n'écouta plus les conseils de sa bonne, qui ne resta pas longtemps dans la maison. Mme de Réan, n'ayant plus confiance en elle, on prit une autre, qui était très bonne, mais qui ne permettait jamais à Sophie de faire ce que sa maman lui défendait.

XI

L'ÉCUREUIL

Un jour Sophie se promenait avec son cousin Paul dans le petit bois de chênes qui était tout près du château; ils cherchaient tous deux des glands pour en faire des paniers, des sabots, des bateaux. Tout à coup Sophie sentit un gland qui lui tombait sur le dos; pendant qu'elle se baissait pour le ramasser, un autre gland vint lui tomber sur le bout de l'oreille.

« Paul, Paul, dit-elle, viens donc voir ces glands qui sont tombés sur moi : ils sont rongés. Qui est-ce qui a pu les ronger là-haut? les souris ne grimpent pas aux arbres, et les oiseaux ne mangent pas de glands. »

Paul prit les glands, les regarda; puis il leva la tête et s'écria :

« C'est un écureuil; je le vois; il est tout en haut

sur une branche; il nous regarde comme s'il se moquait de nous. »

Sophie regarda en l'air et vit un joli petit écureuil, avec une superbe queue relevée en panache. Il se nettoyait la figure avec ses petites pattes de devant; de temps en temps il regardait Sophie et Paul, faisait une gambade et sautait sur une autre branche.

« Que je voudrais avoir cet écureuil! dit Sophie. Comme il est gentil et comme je m'amuserais à jouer avec lui, à le mener promener, à le soigner.

PAUL.

Ce ne serait pas difficile de l'attraper: mais les écureuils sentent mauvais dans une chambre, et puis ils rongent tout.

SOPHIE.

Oh! je l'empêcherais bien de ronger, parce que j'enfermerais toutes mes affaires; et il ne sentirait pas mauvais, parce que je nettoierais sa cage deux fois par jour. Mais comment ferais-tu pour le prendre?

PAUL.

J'aurais une cage un peu grande; je mettrais dedans des noix, des noisettes, des amandes, tout ce que les écureuils aiment le mieux, j'apporterais la cage près de ce chêne; je laisserais la porte ouverte; j'y attacherais une ficelle; je me cacherais tout près de l'arbre, et, quand l'écureuil entrerait dans la cage pour manger, je tirerais la ficelle pour fermer la porte, et l'écureuil serait pris.

SOPHIE.

Mais l'écureuil ne voudra peut-être pas entrer dans la cage; cela lui fera peur.

PAUL.

Oh! il n'y a pas de danger : les écureuils sont gourmands, il ne résistera pas aux amandes et aux noix.

SOPHIE.

Attrape-le-moi, je t'en prie, mon cher Paul; je serai si contente!

PAUL.

Mais ta maman, que dira-t-elle? elle ne voudra peut-être pas.

SOPHIE.

Elle le voudra; nous le lui demanderons tant et tant, tous les deux, qu'elle consentira. »

Les deux enfants coururent à la maison; Paul se chargea d'expliquer l'affaire à Mme de Réan, qui refusa d'abord, mais qui finit par consentir en disant à Sophie :

« Je te préviens que ton écureuil t'ennuiera bientôt : il grimpera partout; il rongera tes livres, tes joujoux; il sentira mauvais, il sera insupportable.

SOPHIE.

Oh non! maman; je vous promets de le si bien garder, qu'il ne gâtera rien.

MADAME DE RÉAN.

Je ne veux pas de ton écureuil au salon ni dans ma chambre, d'abord; tu le garderas toujours dans la tienne.

SOPHIE.

Oui, maman, il restera chez moi, excepté quand je le mènerai promener. »

Sophie et Paul coururent tout joyeux chercher une cage; ils en trouvèrent une au grenier, qui avait servi jadis à un écureuil. Ils l'emportèrent, la nettoyèrent avec l'aide de la bonne, et mirent dedans des amandes fraîches, des noix et des noisettes.

SOPHIE.

A présent, allons vite porter la cage sous le chêne. Pourvu que l'écureuil y soit encore!

PAUL.

Attends que j'attache une ficelle à la porte. Il faut que je la passe dans les barreaux, pour que la porte se ferme quand je tirerai.

SOPHIE.

J'ai peur que l'écureuil ne soit parti.

PAUL.

Non; il va rester là ou tout auprès jusqu'à la nuit. Là,... c'est fini; tire la ficelle, pour voir si c'est bien.

Sophie tira, la porte se referma tout de suite. Les enfants, enchantés, allèrent porter la cage dans le petit bois; arrivés près du chêne, ils regardèrent si l'écureuil y était; ils ne virent rien; ni les feuilles ni les branches ne remuaient. Les enfants, désolés, allaient chercher sous d'autres chênes, lorsque Sophie reçut sur le front un gland rongé comme ceux du matin.

« Il y est, il y est! s'écria-t-elle. Le voilà; je vois le bout de sa queue qui sort derrière cette branche touffue. »

En effet, l'écureuil, entendant parler, avança sa petite tête pour voir ce qui se passait.

« C'est bien, mon cher ami, dit Paul. Te voilà : tu seras bientôt en prison. Tiens, voilà des provisions que nous t'apportons; sois gourmand, mon ami, sois gourmand; tu verras comme on est puni de la gourmandise. »

Le pauvre écureuil, qui ne s'attendait pas à devenir un malheureux prisonnier, regardait d'un air moqueur, en faisant aller sa tête de droite et de gauche. Il vit la cage que Paul posait à terre, et jeta un œil d'envie sur les amandes et les noix. Quand les enfants se furent cachés derrière le tronc du chêne, il descendit deux ou trois branches, s'arrêta, regarda de tous côtés, descendit encore un peu, et continua ainsi à descendre petit à petit, jusqu'à ce qu'il fût sur la cage. Il passa une patte à travers les barreaux, puis l'autre; mais, comme il ne pouvait rien attraper et que les amandes lui paraissaient de plus en plus appétissantes, il chercha le moyen d'entrer dans la cage, et il ne fut pas longtemps à trouver la porte; il s'arrêta à l'entrée, regarda la ficelle d'un air méfiant, allongea encore une patte pour atteindre les amandes ou les noix : mais, ne pouvant y parvenir, il se hasarda enfin à entrer dans la cage. A peine y fut-il, que les enfants, qui regardaient du coin de l'œil et qui avaient suivi avec un battement de cœur les mouvements de l'écureuil, tirèrent la ficelle, et l'écureuil fut pris. La frayeur lui fit jeter l'amande qu'il commençait à grignoter, et il se mit à tourner autour de la cage pour s'échapper. Hélas! le pauvre petit animal devait payer cher sa gourmandise et rester prisonnier! Les enfants se précipitèrent sur la cage; Paul ferma soigneusement la porte et emporta la cage dans la chambre de Sophie. Elle courait en avant et appela sa bonne d'un air triomphant pour lui faire voir son nouvel ami.

La bonne ne fut pas contente de ce petit élève.

« Que ferons-nous de cet animal? dit-elle. Il va nous mordre et nous faire un bruit insupportable. Quelle idée avez-vous eue, Sophie, de nous embarrasser de cette vilaine bête.

SOPHIE.

D'abord, ma bonne, elle n'est pas vilaine: l'écureuil est une très jolie bête. Ensuite il ne fera pas de bruit du tout et il ne nous mordra pas. C'est moi qui le soignerai.

LA BONNE.

En vérité; je plains le pauvre animal; vous le laisserez bientôt mourir de faim.

SOPHIE, *avec indignation*.

Mourir de faim! certainement non; je lui donnerai des noisettes, des amandes, du pain, du sucre, du vin.

L'écureuil descendit, s'arrêta, regarda de tous côtés. (Page 91.)

LA BONNE, *d'un air moqueur.*

Voilà un écureuil qui sera bien nourri! Le sucre lui gâtera les dents, et le vin l'enivrera.

PAUL, *riant.*

Ha! ha! ha! un écureuil ivre! ce sera bien drôle.

SOPHIE.

Pas du tout, monsieur; mon écureuil ne sera pas ivre. Il sera très raisonnable.

LA BONNE.

Nous verrons cela. Je vais d'abord lui apporter du foin, pour qu'il puisse se coucher. Il a l'air tout effaré : je ne crois pas qu'il soit content de s'être laissé prendre.

SOPHIE.

Je vais le caresser pour l'habituer à moi et pour lui faire voir qu'on ne lui fera pas de mal. »

Sophie passa sa main dans la cage : l'écureuil, effrayé, se sauva dans un coin. Sophie allongea la main pour le saisir : au moment où elle allait le prendre, l'écureuil lui mordit le doigt. Sophie se mit à crier et retira promptement sa main pleine de sang. La porte restant ouverte, l'écureuil se précipita hors de sa cage et se mit à courir dans la chambre. La bonne et Paul coururent après; mais, quand ils croyaient l'avoir attrapé, l'écureuil faisait un saut, s'échappait, et continuait à galoper dans la chambre. Sophie, oubliant son doigt qui saignait, voulut les aider. Ils continuèrent leur chasse pendant une demi-heure; l'écureuil commençait à être fatigué et il allait être pris, lorsqu'il aperçut la fenêtre qui était restée ouverte : aussitôt il s'élança dessus, grimpa le long du mur en dehors de la fenêtre, et se trouva sur le toit.

Sophie, Paul et la bonne descendirent au jardin en courant; levant la tête, ils aperçurent l'écureuil perché sur le toit, à moitié mort de fatigue et de peur.

« Que faire, ma bonne, que faire? s'écria Sophie.

— Il faut le laisser, dit la bonne. Vous voyez bien qu'il vous a déjà mordue.

SOPHIE.

C'est parce qu'il ne me connaît pas encore, ma bonne; mais, quand il verra que je lui donne à manger, il m'aimera.

PAUL.

Je crois qu'il ne t'aimera jamais, parce qu'il est trop vieux pour s'habituer à rester enfermé. Il aurait fallu en avoir un tout jeune.

SOPHIE.

Oh! Paul, jette-lui des balles, je t'en prie, pour le faire descendre. Nous le rattraperons et nous le renfermerons.

PAUL.

Je le veux bien, mais je ne crois pas qu'il veuille descendre. »

Et voilà Paul qui va chercher un gros ballon et qui le lance si adroitement qu'il attrape l'écureuil à la tête. Le ballon descend en roulant, et après lui le pauvre écureuil; tous deux tombent à terre; le ballon bondit et rebondit, mais l'écureuil se brise en touchant à terre et reste mort, la tête ensanglantée, les reins et les pattes cassés. Sophie et

L'écureuil se mit à courir dans la chambre. (Page 95.)

Paul courent pour le ramasser et restent stupéfaits devant le pauvre animal mort.

« Méchant Paul, dit Sophie, tu as fait mourir mon écureuil.

PAUL.

C'est ta faute, pourquoi as-tu voulu que je le fisse descendre en lui lançant des balles?

SOPHIE.

Il fallait seulement lui faire peur et non le tuer.

PAUL.

Mais je n'ai pas voulu le tuer; le ballon l'a attrapé, je ne croyais pas être si adroit.

SOPHIE.

Tu n'es pas adroit, tu es méchant. Va-t'en, je ne t'aime plus du tout.

PAUL.

Et moi, je te déteste. Tu es plus sotte que l'écureuil. Je suis enchanté de t'avoir empêchée de le tourmenter.

SOPHIE.

Vous êtes un mauvais garçon, monsieur. Je ne jouerai jamais avec vous : je ne vous demanderai jamais rien.

PAUL.

Tant mieux, mademoiselle : je ne serai que plus tranquille, et je n'aurai plus à me creuser la tête pour vous aider à faire des sottises.

LA BONNE.

Voyons, mes enfants, au lieu de vous disputer, avouez que vous avez agi tous deux sans réflexion et que vous êtes tous deux coupables de la mort de l'écureuil. Pauvre bête! il est plus heureux que s'il était resté vivant, car il ne souffre plus, du moins. Je vais appeler quelqu'un pour qu'on l'emporte et qu'on le jette dans quelque fossé, et vous, Sophie, montez dans votre chambre et trempez votre doigt dans l'eau ; je vais vous y rejoindre. »

Sophie s'en alla suivie de Paul, qui était un bon petit garçon, sans rancune, de sorte qu'au lieu de bouder il aida Sophie à verser de l'eau dans une cuvette et à y tremper sa main. Quand la bonne monta, elle enveloppa le doigt de Sophie de quelques feuilles de laitue et d'un petit chiffon. Les enfants étaient un peu honteux, en rentrant au salon pour dîner, d'avoir à raconter la fin de leur aventure de l'écureuil.

Les papas et les mamans se moquèrent d'eux. La cage de l'écureuil fut reportée au grenier. Le doigt de Sophie lui fit mal encore pendant quelques jours, après lesquels elle ne pensa plus à l'écureuil que pour se dire qu'elle n'en aurait jamais.

XII

LE THÉ

C'était le 19 juillet, jour de la naissance de Sophie; elle avait quatre ans. Sa maman lui faisait toujours un joli présent ce jour-là, mais elle ne lui disait jamais d'avance ce qu'elle lui donnerait. Sophie s'était levée plus tôt que d'habitude; elle se dépêchait de s'habiller pour aller chez sa maman recevoir son cadeau.

« Vite, vite, ma bonne, je vous en prie, disait-elle; j'ai si envie de savoir ce que maman me donnera pour ma fête!

LA BONNE.

Mais donnez-moi le temps de vous peigner. Vous ne pouvez pas vous en aller tout ébouriffée comme vous êtes. Ce serait une jolie manière de commencer vos quatre ans!... Tenez-vous donc tranquille, vous bougez toujours.

SOPHIE.

Aïe, aïe, vous m'arrachez les cheveux, ma bonne.

LA BONNE.

Parce que vous tournez la tête de tous les côtés; là,... encore! comment puis-je deviner de quel côté il vous plaira de tourner la tête ? »

Enfin Sophie fut habillée. peignée, et elle put courir chez sa maman.

« Te voilà de bien bonne heure, Sophie, dit la maman en souriant. Je vois que tu n'as pas oublié tes quatre ans et le cadeau que je te dois. Tiens, voici un livre, tu y trouveras de quoi t'amuser. »

Sophie remercia sa maman d'un air embarrassé, et prit le livre, qui était en maroquin rouge.

« Que ferai-je de ce livre? pensa-t-elle. Je ne sais pas lire; à quoi me servira-t-il? »

La maman la regardait et riait.

« Tu ne parais pas contente de mon présent, lui dit-elle; c'est pourtant très joli; il y a écrit dessus: *les Arts*. Je suis sûre qu'il t'amusera plus que tu ne le penses.

SOPHIE.

Je ne sais pas, maman.

LA MAMAN.

Ouvre-le, tu verras. »

Sophie voulut ouvrir le livre; à sa grande surprise elle ne le put pas; ce qui l'étonna plus encore, c'est qu'en le retournant il se faisait dans le livre un bruit étrange. Sophie regarda sa maman d'un air étonné. Mme de Réan rit plus fort et lui dit :

« C'est un livre extraordinaire; il n'est pas comme tous les livres qui s'ouvrent tout seuls;

celui-ci ne s'ouvre que lorsqu'on appuie le pouce sur le milieu de la tranche. »

La maman appuya un peu le pouce; le dessus s'ouvrit, et Sophie vit avec bonheur que ce n'était pas un livre, mais une charmante boîte à couleurs, avec des pinceaux, des godets et douze petits cahiers, pleins de charmantes images à peindre.

« Oh! merci, ma chère maman, s'écria Sophie. Que je suis contente! Comme c'est joli! »

LA MAMAN.

Tu étais un peu attrapée tout à l'heure, quand tu as cru que je te donnais un vrai livre; mais je ne t'aurais pas joué un si mauvais tour. Tu pourras t'amuser à peindre dans la journée avec ton cousin Paul et tes amies Camille et Madeleine, que j'ai engagées à venir passer la journée avec toi : elles viendront à deux heures. Ta tante d'Aubert m'a chargée de te donner de sa part ce petit thé; elle ne pourra venir qu'à trois heures, et elle a voulu te faire son cadeau dès le matin. »

L'heureuse Sophie prit le plateau avec les six tasses, la théière, le sucrier et le pot à crème en argent. Elle demanda la permission de faire un vrai thé pour ses amies.

« Non, lui dit Mme de Réan, vous répandriez la crème partout, vous vous brûleriez avec le thé. Faites semblant d'en prendre, ce sera tout aussi amusant. »

Sophie ne dit rien, mais elle n'était pas contente.

« A quoi me sert un ménage, se dit-elle, si je ne puis rien mettre dedans? Mes amies se moqueront de moi. Il faut que je cherche quelque chose pour remplir tout cela. Je vais demander à ma bonne. »

Sophie dit à sa maman qu'elle allait montrer tout cela à sa bonne; elle emporta sa boîte et son thé et courut dans sa chambre.

SOPHIE.

Tenez, ma bonne, voyez les jolies choses que m'ont données maman et ma tante d'Aubert.

LA BONNE.

Le joli ménage! vous vous amuserez bien avec. Mais je n'aime pas beaucoup ce livre; à quoi vous servira un livre, puisque vous ne savez pas lire?

SOPHIE, *riant*.

Bravo! voilà ma bonne attrapée comme moi. Ce n'est pas un livre, c'est une boîte à couleurs.

Et Sophie ouvrit la boîte, que la bonne trouva charmante. Après avoir causé sur ce qu'on ferait dans la journée, Sophie dit qu'elle avait voulu donner du thé à ses amies, mais que sa maman ne l'avait pas permis.

« Que mettrais-je dans ma théière, dans mon sucrier et dans mon pot à crème? Ne pourriez-vous pas, ma chère petite bonne, m'aider un peu et me donner quelque chose que je puisse faire manger à mes amies?

— Non, ma pauvre petite, répondit la bonne : c'est impossible. Souvenez-vous que votre maman m'a dit qu'elle me renverrait si je vous donnais quelque chose à manger quand elle l'avait défendu. »

Sophie soupira et resta pensive; petit à petit son visage s'éclaircit, elle avait une idée; nous allons voir si l'idée était bonne. Sophie joua, puis déjeuna; en revenant de la promenade avec sa maman, elle dit qu'elle allait tout préparer pour l'arrivée de ses amies. Elle mit la boîte à couleurs sur une petite table. Sur une autre table elle arrangea les six tasses, et au milieu elle mit le sucrier, la théière et le pot à crème.

« A présent, dit-elle, je vais faire du thé. »

Elle prit la théière, alla dans le jardin, cueillit quelques feuilles de trèfle, qu'elle mit dans la théière; ensuite elle alla prendre de l'eau dans l'assiette où on en mettait pour le chien de sa maman, et elle versa cette eau dans la théière.

« Là! voilà le thé, dit-elle d'un air enchanté; à présent je vais faire la crème. » Elle alla prendre un morceau de blanc qui servait pour nettoyer l'argenterie; elle en racla un peu avec son petit couteau, le versa dans le pot à crème, qu'elle remplit de l'eau du chien, mêla bien avec une petite cuiller, et, quand l'eau fut bien blanche, elle replaça le pot sur la table. Il ne lui restait plus que le sucrier à remplir; elle reprit la craie à argenterie, en cassa de petits morceaux avec son couteau, remplit le sucrier, qu'elle posa sur la table, et regarda le tout d'un air enchanté.

« Là! dit-elle en se frottant les mains, voilà un superbe thé; j'espère que j'ai de l'esprit! Je parie que Paul ni aucune de mes amies n'auraient eu une si bonne invention.... »

Sophie attendit ses amies encore une demi-heure, mais elle ne s'ennuya pas; elle était si contente de son thé, qu'elle ne voulait pas s'en éloigner; elle se promenait autour de la table, le regardant d'un air joyeux, se frottait les mains et répétait :

« Dieu! que j'ai de l'esprit! que j'ai de l'esprit! » Enfin Paul et les amies arrivèrent. Sophie

courut au-devant d'eux, les embrassa tous et les emmena bien vite dans le petit salon pour leur montrer ses belles choses. La boîte à couleurs les attrapa d'abord comme elle avait attrapé Sophie et sa bonne. Ils trouvèrent le thé charmant et voulaient tout de suite commencer le repas, mais Sophie leur demanda d'attendre jusqu'à trois heures. Ils se mirent donc tous à peindre les images des petits livres : chacun avait le sien. Quand on se fut bien amusé avec la boîte à couleurs et qu'on eut tout rangé soigneusement :

« A présent, s'écria Paul, prenons le thé.

— Oui, oui, prenons le thé, répondirent toutes les petites filles ensemble.

CAMILLE.

Voyons, Sophie, fais les honneurs.

SOPHIE.

Assseyez-vous tous autour de la table.... Là, c'est bien.... Donnez-moi vos tasses, que j'y mette du sucre.... A présent le thé,... puis la crème.... Buvez maintenant.

MADELEINE.

C'est singulier, le sucre ne fond pas.

SOPHIE.

Mêle bien, il fondra.

PAUL.

Mais ton thé est froid.

SOPHIE.

C'est parce qu'il est fait depuis longtemps.

CAMILLE *goûte le thé et le rejette avec dégoût.*

Ah! quelle horreur! qu'est-ce que c'est? ce n'est pas du thé, cela!

MADELEINE, *le rejetant de même.*

C'est détestable! cela sent la craie.

PAUL, *crachant à son tour.*

Que nous as-tu donné là, Sophie? C'est détestable, dégoûtant.

SOPHIE, *embarrassée.*

Vous trouvez....

PAUL.

Comment, si nous trouvons? Mais c'est affreux

de nous jouer un tour pareil! Tu mériterais que nous te fissions avaler ton détestable thé.

SOPHIE, *se fâchant.*

Vous êtes tous si difficiles que rien ne vous semble bon!

CAMILLE, *souriant.*

Avoue, Sophie, que, sans être difficile, on peut trouver ton thé très mauvais.

MADELEINE.

Quant à moi, je n'ai jamais goûté à quelque chose d'aussi mauvais.

PAUL, *présentant la théière à Sophie.*

Avale donc, avale : tu verras si nous sommes difficiles.

SOPHIE, *se débattant.*

Laisse-moi, tu m'ennuies.

PAUL, *continuant.*

Ah! nous sommes difficiles! Ah! tu trouves ton thé bon! Bois-le donc ainsi que ta crème. »

Et Paul, saisissant Sophie, lui versa le thé dans la bouche; il allait en faire autant de la prétendue crème, malgré les cris et la colère de Sophie, lorsque Camille et Madeleine, qui étaient très bonnes et qui avaient pitié d'elle, se précipitèrent sur Paul pour lui arracher le pot à la crème. Paul, qui était furieux, les repoussa; Sophie en profita pour se dégager et pour tomber dessus à coups de poing. Camille et Madeleine tâchèrent alors de retenir Sophie; Paul hurlait, Sophie criait, Camille et Madeleine appelaient au secours, c'était un train à assourdir; les mamans accoururent effrayées. A leur aspect les enfants se tinrent tous immobiles.

« Que se passe-t-il donc? » demanda Mme de Réan d'un air inquiet et sévère.

Personne ne répondit.

MADAME DE FLEURVILLE.

Camille, explique-nous le sujet de cette bataille.

CAMILLE.

Maman, Madeleine et moi nous ne nous battions avec personne.

MADAME DE FLEURVILLE.

Comment! vous ne vous battiez pas? Toi tu tenais le bras de Sophie, et Madeleine tenait Paul par la jambe.

CAMILLE.

C'était pour les empêcher de.... de.... jouer trop fort.

MADAME DE FLEURVILLE, *avec un demi-sourire*.

Jouer! tu appelles cela jouer!

MADAME DE RÉAN.

Je vois que c'est Sophie et Paul qui se seront disputés comme à l'ordinaire; Camille et Madeleine auront voulu les empêcher de se battre. J'ai deviné, n'est-ce pas, ma petite Camille?

CAMILLE, *bien bas et rougissant*.

Oui, madame.

MADAME D'AUBERT.

N'êtes-vous pas honteux, monsieur Paul, de vous conduire ainsi? A propos de rien vous vous fâchez, vous êtes prêt à vous battre....

PAUL.

Ce n'est pas à propos de rien, maman; Sophie a voulu nous faire boire un thé tellement détestable que nous avons eu mal au cœur en le goûtant, et, quand nous nous sommes plaints, elle nous a dit que nous étions trop difficiles. »

Mme de Réan prit le pot à la crème, le sentit, y

goûta du bout de la langue, fit une grimace de dégoût et dit à Sophie :

« Où avez-vous pris cette horreur de prétendue crème, mademoiselle?

SOPHIE, *la tête baissée et très honteuse.*

Je l'ai faite, maman.

MADAME DE RÉAN.

Vous l'avez faite! et avec quoi?... Répondez.

SOPHIE, *de même.*

Avec le blanc à argenterie et l'eau du chien.

MADAME DE RÉAN.

Et votre thé, qu'est-ce que c'était?

SOPHIE, *de même.*

Des feuilles de trèfle et de l'eau du chien.

MADAME DE RÉAN, *examinant le sucrier.*

Voilà un joli régal pour vos amies! De l'eau sale, de la craie! Vous commencez bien vos quatre ans, mademoiselle : en désobéissant quand je vous avais défendu de faire du thé, en voulant faire avaler à vos amies un soi-disant thé dégoûtant, et en vous battant avec votre cousin. Je reprends votre ménage, pour vous empêcher de recommencer, et je vous aurais envoyée dîner dans votre chambre, si je ne craignais de gâter le plaisir de vos petites amies, qui sont si bonnes qu'elles souffriraient de votre punition. »

Les mamans s'en allèrent en riant malgré elles du ridicule régal inventé par Sophie. Les enfants restèrent seuls; Paul et Sophie, honteux de leur bataille, n'osaient pas se regarder. Camille et Madeleine les embrassèrent, les consolèrent et tâchèrent de les réconcilier. Sophie embrassa Paul, leur demanda pardon à tous, et tout fut oublié. On courut au jardin, où on attrapa huit superbes papillons, que Paul mit dans une boîte qui avait un couvercle de verre. Le reste de l'après-midi se passa à arranger la boîte, pour que les papillons fussent bien logés; on leur mit de l'herbe, des fleurs, des gouttes d'eau sucrée, des fraises, des cerises. Quand le soir vint, et que chacun put partir, Paul emporta la boîte aux papillons, à la prière de Sophie, de Camille et de Madeleine, qui voyaient qu'il en avait envie.

XIII

LES LOUPS

Sophie n'était pas très obéissante, nous l'avons bien vu dans les histoires que nous venons de lire; elle aurait dû être corrigée, mais elle ne l'était pas encore : aussi lui arriva-t-il bien d'autres malheurs.

Le lendemain du jour où Sophie avait eu quatre ans, sa maman l'appela et lui dit :

« Sophie, je t'ai promis que, lorsque tu aurais quatre ans, tu viendrais avec moi faire mes grandes promenades du soir. Je vais partir pour aller à la ferme de Svitine en passant par la forêt; tu vas venir avec moi; seulement fais attention à ne pas te mettre en arrière; tu sais que je marche vite, et, si tu t'arrêtais, tu pourrais rester bien loin derrière avant que je pusse m'en apercevoir. »

Sophie, enchantée de faire cette grande promenade, promit de suivre sa maman de tout près et de ne pas se laisser perdre dans le bois.

Paul, qui arriva au même instant, demanda à les accompagner, à la grande joie de Sophie.

Ils marchèrent bien sagement pendant quelques temps derrière Mme de Réan; ils s'amusaient à voir courir et sauter quelques gros chiens qu'elle emmenait toujours avec elle.

Arrivés dans la forêt, les enfants cueillirent quelques fleurs qui étaient sur leur passage, mais ils les cueillaient sans s'arrêter.

Sophie aperçut tout près du chemin une multitude de fraisiers chargés de fraises.

« Les belles fraises! s'écria-t-elle. Quel dommage de ne pas pouvoir les manger! »

Mme de Réan entendit l'exclamation, et, se retournant, elle lui défendit encore de s'arrêter.

Sophie soupira et regarda d'un air de regret les belles fraises dont elle avait si envie.

« Ne les regarde pas, lui dit Paul, et tu n'y penseras plus.

SOPHIE.

C'est qu'elles sont si rouges, si belles, si mûres, elles doivent être si bonnes!

PAUL.

Plus tu les regarderas et plus tu en auras envie. Puisque ma tante t'a défendu de les cueillir, à quoi sert-il de les regarder.

SOPHIE.

J'ai envie d'en prendre seulement une : cela ne

me retardera pas beaucoup. Reste avec moi, nous en mangerons ensemble.

PAUL.

Non, je ne veux pas désobéir à ma tante, et je ne veux pas être perdu dans la forêt.

SOPHIE.

Mais il n'y a pas de danger. Tu vois bien que c'est pour nous faire peur que maman l'a dit; nous saurions bien retrouver notre chemin si nous restions derrière.

PAUL.

Mais non : le bois est très épais, nous pourrions bien ne pas nous retrouver.

SOPHIE.

Fais comme tu voudras, poltron; moi, à la première place de fraises comme celles que nous venons de voir, j'en mangerai quelques-unes.

PAUL.

Je ne suis pas poltron, mademoiselle, et vous, vous êtes une désobéissante et une gourmande : perdez-vous dans la forêt si vous voulez; moi, j'aime mieux obéir à ma tante. »

Et Paul continua à suivre Mme de Réan, qui marchait assez vite et sans se retourner. Ses chiens l'entouraient et marchaient devant et derrière elle. Sophie aperçut bientôt une nouvelle place de fraises aussi belles que les premières; elle en mangea une, qu'elle trouva délicieuse, puis une seconde, une troisième; elle s'accroupit pour les cueillir plus à son aise et plus vite; de temps en temps elle jetait un coup d'œil sur sa maman et sur Paul, qui s'éloignaient. Les chiens avaient l'air inquiet; ils allaient vers le bois, ils revenaient; ils finirent par se rapprocher tellement de Mme de Réan, qu'elle regarda ce qui causait leur frayeur, et elle aperçut dans le bois, au travers des feuilles, des yeux brillants et féroces. Elle entendit en même temps un bruit de branches cassées, de feuilles sèches. Se retournant pour recommander aux enfants de marcher devant elle, quelle fut sa frayeur de ne voir que Paul!

« Où est Sophie? s'écria-t-elle.

PAUL.

Elle a voulu rester en arrière pour manger des fraises, ma tante.

MADAME DE RÉAN.

Malheureuse enfant! qu'a-t-elle fait? Nous sommes accompagnés par des loups. Retournons pour la sauver, s'il est encore temps! »

Mme de Réan courut, suivie de ses chiens et du pauvre Paul terrifié, à l'endroit où devait être restée Sophie; elle l'aperçut de loin assise au milieu des fraises, qu'elle mangeait tranquillement. Tout à coup deux des chiens poussèrent un hurlement plaintif et coururent à toutes jambes vers Sophie. Au même moment un loup énorme, aux yeux étincelants, à la gueule ouverte, sortit sa tête hors du bois avec précaution. Voyant accourir les chiens, il hésita un instant; croyant avoir le temps avant leur arrivée d'emporter Sophie dans la forêt pour la dévorer ensuite, il fit un bond prodigieux et s'élança sur elle. Les chiens, voyant le danger de leur petite maîtresse et excités par les cris d'épouvante de Mme de Réan et de Paul, redoublèrent de vitesse et vinrent tomber sur le loup au moment où il saisissait les jupons de Sophie pour l'entraîner dans le bois. Le loup, se sentant mordu par les chiens, lâcha Sophie et commença avec eux une bataille terrible. La position des chiens devint très dangereuse par l'arrivée des deux autres loups qui avaient suivi Mme de Réan et qui accouraient aussi; mais les chiens se battirent si vaillamment que les trois loups prirent bientôt la fuite. Les chiens, couverts de sang et de blessures, vinrent lécher les mains de Mme de Réan et des enfants, restés tremblants pendant le combat. Mme de Réan leur rendit leurs caresses et se remit en route, tenant chacun des enfants par la main et entourée de ses courageux défenseurs.

Mme de Réan ne disait rien à Sophie, qui avait de la peine à marcher, tant ses jambes tremblaient de la frayeur qu'elle avait eue. Le pauvre Paul était presque aussi pâle et aussi tremblant que Sophie. Ils sortirent enfin du bois et arrivèrent près d'un ruisseau.

« Arrêtons-nous là, dit Mme de Réan; buvons tous un peu de cette eau fraîche, dont nous avons besoin pour nous remettre de notre frayeur. »

Et Mme de Réan, se penchant vers le ruisseau, en but quelques gorgées et jeta de l'eau sur son visage et sur ses mains. Les enfants en firent autant ; Mme de Réan leur fit tremper la tête dans l'eau fraîche. Ils se sentirent ranimés, et leur tremblement se calma.

Les pauvres chiens s'étaient tous jetés dans l'eau ; ils buvaient, ils lavaient leurs blessures, ils se roulaient dans le ruisseau ; et ils sortirent de leur bain nettoyés et rafraîchis.

Au bout d'un quart d'heure, Mme de Réan se leva pour partir. Les enfants marchèrent près d'elle.

« Sophie, dit-elle, crois-tu que j'aie eue raison de te défendre de t'arrêter?

SOPHIE.

Oh oui ! maman ; je vous demande bien pardon de vous avoir désobéi ; et toi, mon bon Paul, je suis bien fâchée de t'avoir appelé *poltron*.

MADAME DE RÉAN.

Poltron ! tu l'as appelé poltron ! Sais-tu que, lorsque nous avons couru vers toi, c'est lui qui courait en avant? As-tu vu que, lorsque les autres loups arrivaient au secours de leur camarade, Paul, armé d'un bâton qu'il avait ramassé en courant, s'est jeté au-devant d'eux pour les empêcher de passer, et que c'est moi qui ai dû l'enlever dans mes bras et le retenir près de toi pour l'empêcher d'aller au secours des chiens? As-tu remarqué aussi que, pendant tout le combat, il s'est toujours tenu devant toi pour empêcher les loups d'arriver jusqu'à nous? Voilà comme Paul est poltron ! »

Le loup, se sentant mordu par les chiens, lâcha Sophie. (Page 119.)

Sophie se jeta au cou de Paul et l'embrassa dix fois en lui disant : « Merci, mon bon Paul, mon cher Paul, je t'aimerai toujours de tout mon cœur ».

Elle poussa des cris de frayeur en voyant entrer un Turc. (Page 124.)

Quand ils arrivèrent à la maison, tout le monde s'étonna de leurs visages pâles et de la robe de Sophie déchirée par les dents du loup.

Mme de Réan raconta leur terrible aventure; chacun loua beaucoup Paul de son obéissance et de son courage, chacun blâma Sophie de sa désobéissance et de sa gourmandise, et chacun admira la vaillance des chiens, qui furent caressés et qui eurent un excellent dîner d'os et de restes de viande.

Le lendemain, Mme de Réan donna à Paul un uniforme complet de zouave; Paul, fou de joie, le mit tout de suite et entra chez Sophie; elle poussa un cri de frayeur en voyant entrer un Turc coiffé d'un turban, un sabre à la main, des pistolets à la ceinture. Mais, Paul s'étant mis à rire et à sauter, Sophie le reconnut et le trouva charmant avec son uniforme.

Sophie ne fut pas punie de sa désobéissance. Sa maman pensa qu'elle l'avait été assez par la frayeur qu'elle avait eue, et qu'elle ne recommencerait pas.

XIV

LA JOUE ÉCORCHÉE

Sophie était colère; c'est un nouveau défaut dont nous n'avons pas encore parlé.

Un jour elle s'amusait à peindre un de ses petits cahiers d'images, pendant que son cousin Paul découpait des cartes pour en faire des paniers à salade, des tables et des bancs. Ils étaient tous deux assis à une petite table en face l'un de l'autre; Paul, en remuant les jambes, faisait remuer la table.

« Fais donc attention, lui dit Sophie d'un air impatienté; tu pousses la table, je ne peux pas peindre. »

Paul prit garde pendant quelques minutes, puis il oublia et recommença à faire trembler la table.

« Tu es insupportable, Paul! s'écria Sophie; je t'ai déjà dit que tu m'empêchais de peindre.

PAUL.

Ah bah! pour les belles choses que tu fais, ce n'est pas la peine de se gêner.

SOPHIE.

Je sais très bien que tu ne te gênes jamais; mais, comme tu me gênes, je te prie de laisser tes jambes tranquilles.

PAUL, *d'un air moqueur*.

Mes jambes n'aiment pas à rester tranquilles, elles bougent malgré moi.

SOPHIE, *fâchée*.

Je les attacherai avec une ficelle, tes ennuyeuses jambes; et, si tu continues à les remuer, je te chasserai.

PAUL.

Essaye donc un peu; tu verras ce que savent faire les pieds qui sont au bout de mes jambes.

SOPHIE.

Vas-tu me donner des coups de pied, méchant?

PAUL.

Certainement, si tu me donnes des coups de poing. »

Sophie, tout à fait en colère, lance de l'eau à la figure de Paul, qui, se fâchant à son tour, donne un coup de pied à la table et renverse tout ce qui était dessus. Sophie s'élance sur Paul et lui griffe

si fort la figure, que le sang coule de sa joue. Paul crie; Sophie, hors d'elle-même, continue à lui donner des tapes et des coups de poing. Paul, qui n'aimait pas à battre Sophie, finit par se sauver dans un cabinet, où il s'enferme. Sophie a beau frapper à la porte, Paul n'ouvre pas. Sophie finit par se calmer. Quand sa colère est passée, elle commence à se repentir de ce qu'elle a fait; elle se souvient que Paul a risqué sa vie pour la défendre contre les loups.

« Pauvre Paul, pensa-t-elle, comme j'ai été méchante pour lui! Comment faire pour qu'il ne soit plus fâché? Je ne voudrais pas demander pardon; c'est ennuyeux de dire : « Pardonne-moi... ». Pourtant, ajouta-t-elle après avoir un peu réfléchi, c'est bien plus honteux d'être méchant! Et comment Paul me pardonnera-t-il, si je ne lui demande pas pardon.

Après avoir un peu réfléchi, Sophie se leva, alla frapper à la porte du cabinet où s'était enfermé Paul, mais cette fois pas avec colère, ni en donnant de grands coups de poing, mais doucement; elle appela d'une voix bien humble : « Paul, Paul! » Mais Paul ne répondit pas. « Paul, ajouta-t-elle, toujours d'une voix douce, mon cher Paul, pardonne-moi, je suis bien fâchée d'avoir été méchante. Paul, je t'assure que je ne recommencerai pas. »

La porte s'entr'ouvrit tout doucement, et la tête de Paul parut. Il regarda Sophie avec méfiance :

« Tu n'es plus en colère? Bien vrai? lui dit-il.

— Oh non! non, bien sûr, cher Paul, répondit Sophie; je suis bien triste d'avoir été si méchante. »

Paul ouvrit tout à fait la porte, et Sophie, levant les yeux, vit son visage tout écorché; elle poussa un cri et se jeta au cou de Paul.

« Oh! mon pauvre Paul, comme je t'ai fait mal! comme je t'ai griffé! que faire pour te guérir?

— Ce ne sera rien, répondit Paul, cela passera

tout seul. Cherchons une cuvette et de l'eau pour me laver. Quand le sang sera parti, il n'y aura plus rien du tout. »

Sophie courut avec Paul chercher une cuvette pleine d'eau; mais il eut beau tremper son visage dans la cuvette, frotter et essuyer, les marques des

griffes restaient toujours sur la joue. Sophie était désolée.

« Que va dire maman? dit-elle. Elle sera en colère contre moi et elle me punira. »

Paul, qui était très bon, se désolait aussi; il ne savait qu'imaginer pour ne pas faire gronder Sophie.

« Je ne peux pas dire que je suis tombé dans les épines, dit-il, parce que ce ne serait pas vrai.... Mais si,... attends donc; tu vas voir. »

Et voilà Paul qui part en courant ; Sophie le suit ; ils entrent dans le petit bois près de la maison ; Paul se dirige vers un buisson de houx, se jette dedans et se roule de manière à avoir le visage piqué et écorché par les pointes des feuilles. Il se relève plus écorché qu'auparavant.

Lorsque Sophie voit ce pauvre visage tout saignant, elle se désole, elle pleure.

« C'est moi, dit-elle, qui suis cause de tout ce que tu souffres, mon pauvre Paul ! C'est pour que je ne sois pas punie que tu t'écorches plus encore que je ne l'avais fait dans ma colère. Oh ! cher Paul ! comme tu es bon ! Comme je t'aime !

— Allons vite à la maison pour me laver encore le visage, dit Paul. N'aie pas l'air triste, ma pauvre Sophie. Je t'assure que je souffre très peu ; demain ce sera passé. Ce que je te demande seulement, c'est de ne pas dire que tu m'as griffé ; si tu le faisais, j'en serais fort triste et je n'aurais pas la récompense de mes piqûres de houx. Me le promets-tu ?

— Oui, dit Sophie en l'embrassant ; je ferai tout ce que tu voudras. »

Ils rentrèrent dans leur chambre, et Paul retrempa son visage dans l'eau.

Quand ils allèrent au salon, les mamans qui y étaient poussèrent un cri de surprise en voyant le visage écorché et bouffi du pauvre Paul.

« Où t'es-tu arrangé comme cela ? demanda Mme d'Aubert. Mon pauvre Paul, on dirait que tu t'es roulé dans les épines.

PAUL.

C'est précisément ce qui m'est arrivé, maman. Je suis tombé, en courant, dans un buisson de

houx, et, en me débattant pour me relever, je me suis écorché le visage et les mains.

MADAME D'AUBERT.

Tu es bien maladroit d'être tombé dans ce houx,

tu n'aurais pas dû te débattre, mais te relever bien doucement.

MADAME DE RÉAN.

Où donc étais-tu, Sophie? Tu aurais dû l'aider à se relever.

PAUL.

Elle courait après moi, ma tante: elle n'a pas eu le temps de m'aider; quand elle est arrivée, je m'étais déjà relevé. »

Mme d'Aubert emmena Paul pour mettre sur ses écorchures de la pommade de concombre.

Sophie resta avec sa maman, qui l'examinait avec attention.

MADAME DE RÉAN.

Pourquoi es-tu triste, Sophie?

SOPHIE, *rougissant.*

Je ne suis pas triste, maman.

MADAME DE RÉAN.

Si fait, tu es triste et inquiète comme si quelque chose te tourmentait.

SOPHIE, *les larmes aux yeux et la voix tremblante.*

Je n'ai rien, maman; je n'ai rien.

MADAME DE RÉAN.

Tu vois bien que, même en me disant que tu n'as rien, tu es prête à pleurer.

SOPHIE, *éclatant en sanglots.*

Je ne peux... pas... vous dire.... J'ai... promis... à Paul.

MADAME DE RÉAN, *attirant Sophie.*

Écoute, Sophie, si Paul a fait quelque chose de

mal, tu ne dois pas tenir ta promesse de ne pas me le dire. Je te promets, moi, que je ne gronderai pas Paul, et que je ne le dirai pas à sa maman; mais je veux savoir ce qui te rend si triste, ce qui te fait pleurer si fort, et tu dois me le dire.

Sophie cache sa figure dans les genoux de Mme de Réan, et sanglote si fort qu'elle ne peut pas parler.

Mme de Réan cherche à la rassurer, à l'encourager, et enfin Sophie lui dit :

« Paul n'a rien fait de mal, maman; au contraire, il est très bon, et il a fait une très belle chose; c'est moi seule qui ai été méchante, et c'est pour m'empêcher d'être grondée et punie qu'il s'est roulé dans le houx. »

Mme de Réan, de plus en plus surprise, questionna Sophie, qui lui raconta tout ce qui s'était passé entre elle et Paul.

« Excellent petit Paul! s'écria Mme de Réan; quel bon cœur il a! Quel courage et quelle bonté! Et toi, ma pauvre Sophie, quelle différence entre toi et ton cousin! Vois comme tu te laisses aller à tes colères et comme tu es ingrate envers cet excellent Paul, qui te pardonne toujours, qui oublie toujours tes injustices, et qui, aujourd'hui encore, a été si généreux pour toi.

SOPHIE.

Oh oui! maman, je vois bien tout cela, et à l'avenir jamais je ne me fâcherai contre Paul.

MADAME DE RÉAN.

Je n'ajouterai aucune réprimande ni aucune punition à celle que te fait subir ton cœur. Tu souffres du mal de Paul, et c'est ta punition : elle te profitera plus que toutes celles que je pourrais t'infliger. D'ailleurs tu as été sincère, tu as tout avoué quand tu pouvais tout cacher : c'est très bien, je te pardonne à cause de ta franchise. »

XV

ÉLISABETH

Sophie était assise un jour dans son petit fauteuil; elle ne faisait rien et elle pensait.

« A quoi penses-tu? lui demanda sa maman.

SOPHIE.

Je pense à Elisabeth Chéneau, maman.

MADAME DE RÉAN.

Et à propos de quoi penses-tu à elle?

SOPHIE.

C'est que j'ai remarqué hier qu'elle avait une grande écorchure au bras, et, quand je lui ai demandé comment elle s'était écorchée, elle a rougi, elle a caché son bras, elle m'a dit tout bas : « Tais-toi; c'est pour me punir ». Je cherche à comprendre ce qu'elle a voulu me dire.

MADAME DE RÉAN.

Je vais te l'expliquer, si tu veux, car, moi aussi,

j'ai remarqué cette écorchure, et sa maman m'a raconté comment elle se l'était faite. Ecoute bien ; c'est un beau trait d'Elisabeth. »

Sophie, enchantée d'avoir une histoire à entendre, rapprocha son petit fauteuil de sa maman pour mieux écouter.

MADAME DE RÉAN.

Tu sais qu'Elisabeth est très bonne, mais qu'elle est malheureusement un peu colère (Sophie baisse les yeux); il lui arrive même de taper sa bonne dans ses accès de colère. Elle en est désolée après, mais elle ne réfléchit qu'après, au lieu de réfléchir avant. Avant-hier elle repassait les robes et le linge de sa poupée; sa bonne mettait les fers au feu, de peur qu'Elisabeth ne se brûlât. Elisabeth était ennuyée de ne pas les faire chauffer elle-même; sa bonne le lui défendait, et l'arrêtait toutes les fois qu'elle voulait mettre son fer au feu sans lui en rien dire. Enfin elle trouva moyen d'arriver à la cheminée, et elle allait placer son fer, lorsque la bonne la vit, retira le fer et lui dit : « Puisque vous ne m'écoutez pas, Elisabeth, vous ne repasserez plus ; je prends les fers et je les remets dans l'armoire. — Je veux mes fers, cria Elisabeth ; je veux mes fers! — Non, mademoiselle, vous ne les aurez pas. — Méchante Louise, rendez-moi mes fers, dit Elisabeth en colère. — Vous ne les aurez pas ; les voici enfermés », ajouta Louise en retirant la clef de l'armoire. Élisabeth, furieuse, voulut arracher la clef des mains de sa bonne, mais elle ne put y parvenir. Alors dans sa colère elle la griffa si fortement que le bras de Louise fut écorché et saigna. Quand Elisabeth vit

le sang, elle fut désolée ; elle demanda pardon à Louise, elle lui baisait le bras, elle le bassinait avec de l'eau. Louise, qui est une très bonne femme, la voyant si affligée, l'assurait que son bras ne lui faisait pas mal. « Non, non, disait Elisabeth en pleurant, je mérite de souffrir comme je vous ai fait souffrir; écorchez-moi le bras comme j'ai écorché le vôtre, ma bonne; que je souffre ce que vous souffrez. » Tu penses bien que la bonne ne voulut pas faire ce qu'Elisabeth lui demandait, et celle-ci ne dit plus rien. Elle fut très douce le reste du jour, et alla se coucher très sagement. Le lendemain, quand sa bonne la leva, elle vit du sang à son drap, et, regardant son bras, elle le vit horriblement écorché. « Qui est-ce qui vous a blessée ainsi, ma pauvre enfant? s'écria-t-elle. — C'est moi-même, ma bonne, répondit Elisabeth, pour me punir de vous avoir griffée hier. Quand je me suis couchée, j'ai pensé qu'il était juste que je me fisse souffrir ce que vous souffriez, et je me suis griffé le bras jusqu'au sang. » La bonne, attendrie, embrassa Elisabeth, qui lui promit d'être sage à l'avenir. Tu comprends maintenant ce que t'a dit Elisabeth et pourquoi elle a rougi?

SOPHIE.

Oui, maman, je comprends très bien. C'est très beau ce qu'Elisabeth a fait. Je pense qu'elle ne se mettra plus jamais en colère, puisqu'elle sait comme c'est mal.

MADAME DE RÉAN, *souriant*.

Est-ce que tu ne fais jamais ce que tu sais être mal?

SOPHIE, *embarrassée*.

Mais moi, maman, je suis plus jeune : j'ai quatre ans, et Elisabeth en a cinq.

MADAME DE RÉAN.

Cela ne fait pas une grande différence; souviens-toi de ta colère il y a huit jours, contre ce pauvre Paul qui est si gentil.

SOPHIE.

C'est vrai, maman; mais je crois tout de même que je ne recommencerai pas et que je ne ferai plus ce que je sais être une chose mauvaise.

MADAME DE RÉAN.

Je l'espère pour toi, Sophie, mais prends garde de te croire meilleure que tu n'es. Cela s'appelle orgueil, et tu sais que l'orgueil est un bien vilain défaut.

Sophie ne répondit pas, mais elle sourit d'un air satisfait qui voulait dire qu'elle serait certainement toujours sage.

La pauvre Sophie fut bientôt humiliée, car voici ce qui arriva deux jours après.

XVI

LES FRUITS CONFITS

Sophie rentrait de la promenade avec son cousin Paul. Dans le vestibule attendait un homme qui semblait être un conducteur de diligence et qui tenait un paquet sous le bras.

« Qui attendez-vous, monsieur? lui dit Paul très poliment.

L'HOMME.

J'attends Mme de Réan, monsieur; j'ai un paquet à lui remettre.

SOPHIE.

De la part de qui?

L'HOMME.

Je ne sais pas, mademoiselle, j'arrive de la diligence; le paquet vient de Paris.

SOPHIE.

Mais qu'est-ce qu'il y a dans le paquet?

L'HOMME.

Je pense que ce sont des fruits confits et des pâtes d'abricot. Du moins c'est comme cela qu'ils sont inscrits sur le livre de la diligence. »

Les yeux de Sophie brillèrent; elle passa sa langue sur ses lèvres.

« Allons vite prévenir maman », dit-elle à Paul; et elle partit en courant. Quelques instants après, la maman arriva, paya le port du paquet et l'emporta au salon, où la suivirent Sophie et Paul. Ils furent très attrapés quand ils virent Mme de Réan poser le paquet sur la table et retourner à son bureau pour lire et écrire.

Sophie et Paul se regardaient d'un air malheureux.

« Demande à maman de l'ouvrir, dit tout bas Sophie à Paul.

PAUL, *tout bas*.

Je n'ose pas; ma tante n'aime pas qu'on soit impatient et curieux.

SOPHIE, *tout bas*.

Demande-lui si elle veut que nous lui épargnions la peine d'ouvrir le paquet en l'ouvrant nous-mêmes.

LA MAMAN.

J'entends très bien ce que vous dites, Sophie; c'est très mal de faire la fausse, de faire semblant d'être obligeante et de vouloir m'épargner un ennui, quand c'est tout bonnement par curiosité et par gourmandise que tu veux ouvrir ce paquet.

LES MALHEURS DE SOPHIE

Si tu m'avais dit franchement : « Maman, j'ai
« envie de voir les fruits confits, permettez-moi
« de défaire le paquet », je te l'aurais permis.
Maintenant je te défends d'y toucher. »

Sophie, confuse et mécontente, s'en alla dans
sa chambre, suivie de Paul.

« Voilà ce que c'est que d'avoir voulu faire des
finesses, lui dit Paul. Tu fais toujours comme cela,
et tu sais que ma tante déteste les faussetés.

SOPHIE.

Pourquoi aussi n'as-tu pas demandé tout de
suite quand je te l'ai dit? Tu veux toujours faire
le sage et tu ne fais que des bêtises.

PAUL.

D'abord je ne fais pas de bêtises; ensuite je ne
fais pas le sage. Tu dis cela parce que tu es furieuse de ne pas avoir les fruits confits.

SOPHIE.

Pas du tout, monsieur, je ne suis furieuse que
contre vous, parce que vous me faites toujours
gronder.

PAUL.

Même le jour où tu m'as si bien griffé. »

Sophie, honteuse, rougit et se tut. Ils restèrent
quelque temps sans se parler ; Sophie aurait bien
voulu demander pardon à Paul, mais l'amour-propre l'empêchait de parler la première. Paul,
qui était très bon, n'en voulait plus à Sophie;
mais il ne savait comment faire pour commencer
la conversation. Enfin, il trouva un moyen très

habile : il se balança sur sa chaise, et il se pencha tellement en arrière, qu'il tomba. Sophie accourut pour l'aider à se relever.

« Tu t'es fait mal, pauvre Paul? lui dit-elle.

PAUL.

Non, au contraire.

SOPHIE, *riant*.

Ah! au contraire. C'est assez drôle, cela.

PAUL.

Oui! puisqu'en tombant j'ai fait finir notre querelle.

SOPHIE, *l'embrassant*.

Mon bon Paul, comme tu es bon! C'est donc exprès que tu es tombé? tu aurais pu te faire mal.

PAUL.

Non; comment veux-tu qu'on se fasse mal en tombant d'une chaise si basse? A présent que nous sommes amis, allons jouer. »

Et ils partirent en courant. En traversant le salon, ils virent le paquet toujours ficelé. Paul entraîna Sophie, qui avait bien envie de s'arrêter, et ils n'y pensèrent plus.

Après le dîner, Mme de Réan appela les enfants.

« Nous allons enfin ouvrir le fameux paquet, dit-elle, et goûter à nos fruits confits. Paul, va me chercher un couteau pour couper la ficelle. » Paul partit comme un éclair et rentra presque au même instant, tenant un couteau, qu'il présenta à sa tante.

Mme de Réan coupa la ficelle, défit les papiers

qui enveloppaient les fruits, et découvrit douze boîtes de fruits confits et de pâtes d'abricot.

« Goûtons-les pour voir s'ils sont bons, dit-elle en ouvrant une boîte. Prends-en deux, Sophie; choisis ceux que tu aimeras le mieux. Voici des poires, des prunes, des noix, des abricots, du cédrat, de l'angélique. »

Sophie hésita un peu; elle examinait lesquels étaient les plus gros; enfin elle se décida pour une poire et un abricot. Paul choisit une prune et de l'angélique. Quand tout le monde en eut pris, la maman ferma la boîte, encore à moitié pleine, la porta dans sa chambre et la posa sur le haut d'une étagère. Sophie l'avait suivie jusqu'à la porte.

En revenant, Mme de Réan dit à Sophie et à Paul qu'elle ne pourrait les mener promener, parce qu'elle devait faire une visite dans le voisinage.

« Amusez-vous pendant mon absence, mes enfants; promenez-vous, ou restez devant la maison, comme vous voudrez. »

Et, les embrassant, elle monta en voiture avec M. et Mme d'Aubert et M. de Réan.

Les enfants restèrent seuls et jouèrent longtemps devant la maison. Sophie parlait souvent de fruits confits.

« Je suis fâchée, dit-elle, de n'avoir pas pris d'angélique ni de prune; ce doit être très bon.

— Oui, c'est très bon, répondit Paul, mais tu

pourras en manger demain ; ainsi n'y pense plus, crois-moi, et jouons. »

Ils reprirent leur jeu, qui était de l'invention de Paul. Ils avaient creusé un petit bassin et ils le remplissaient d'eau ; mais il fallait en remettre toujours, parce que la terre buvait l'eau à mesure qu'ils la versaient. Enfin, Paul glissa sur la terre boueuse et renversa un arrosoir plein sur ses jambes.

« Aïe, aïe ! s'écria-t-il, comme c'est froid ! Je suis trempé ; il faut que j'aille changer de souliers, de bas, de pantalon. Attends-moi là, je reviendrai dans un quart d'heure. »

Sophie resta près du bassin, tapotant l'eau avec sa petite pelle, mais ne pensant ni à l'eau, ni à la pelle, ni à Paul. A quoi pensait-elle donc? Hélas ! Sophie pensait aux fruits confits, à l'angélique, aux prunes ; elle regrettait de ne pas pouvoir en manger encore, de n'avoir pas goûté à tout.

« Demain, pensa-t-elle, maman m'en donnera encore ; je n'aurai pas le temps de bien choisir. Si je pouvais les regarder d'avance, je remarquerais ceux que je prendrais demain.... Et pourquoi ne pourrais-je pas les regarder? Je n'ai qu'à ouvrir la boîte. »

Voilà Sophie, bien contente de son idée, qui court à la chambre de sa maman et qui cherche à atteindre la boîte ; mais elle a beau sauter, allonger le bras, elle ne peut y parvenir ; elle ne sait comment faire ; elle cherche un bâton, une pincette, n'importe quoi, lorsqu'elle se tape le front avec la main en disant :

« Que je suis donc bête! je vais approcher un fauteuil et monter dessus! »

Sophie tire et pousse un lourd fauteuil tout près de l'étagère, grimpe dessus, atteint la boîte, l'ouvre et regarde avec envie les beaux fruits confits. Lequel prendrai-je demain? dit-elle. Elle ne peut se décider : c'est tantôt l'un, tantôt l'autre. Le temps se passait pourtant; Paul allait bientôt revenir.

« Que dirait-il s'il me voyait ici? pensa-t-elle. Il croirait que je vole les fruits confits, et pourtant je ne fais que les regarder.... J'ai une bonne idée : si je grignotais un tout petit morceau de chaque fruit, je saurais le goût qu'ils ont tous, je saurais lequel est le meilleur, et personne ne verrait rien, parce que j'en mordrais si peu que cela ne paraîtrait pas. »

Et Sophie mordille un morceau d'angélique, puis un abricot, puis une prune, puis une noix, puis une poire, puis du cédrat, mais elle ne se décide pas plus qu'avant.

« Il faut recommencer », dit-elle.

Elle recommence à grignoter, et recommence tant de fois, qu'il ne reste presque plus rien dans la boîte. Elle s'en aperçoit enfin; la frayeur la prend.

« Mon Dieu, mon Dieu! qu'ai-je fait? dit-elle. Je ne voulais qu'y goûter, et j'ai presque tout mangé.

Maman va s'en apercevoir dès qu'elle ouvrira la boîte; elle devinera que c'est moi. Que faire, que faire?... Je pourrais bien dire que ce n'est pas moi; mais maman ne me croira pas.... Si je disais que ce sont les souris? Précisément, j'en ai vu une courir ce matin dans le corridor. Je le dirai à maman; seulement je dirai que c'était un rat, parce qu'un rat est plus gros qu'une souris, et qu'il mange plus, et, comme j'ai mangé presque tout, il vaut mieux que ce soit un rat qu'une souris. »

Sophie, enchantée de son esprit, ferme la boîte, la remet à sa place et descend du fauteuil. Elle retourne au jardin en courant; à peine avait-elle eu le temps de prendre sa pelle, que Paul revint.

PAUL.

J'ai été bien longtemps, n'est-ce pas? c'est que je ne trouvais pas mes souliers; on les avait emportés pour les cirer, et j'ai cherché partout avant de les demander à Baptiste. Qu'as-tu fait pendant que je n'y étais pas?

SOPHIE.

Rien du tout, je t'attendais; je jouais avec l'eau.

PAUL.

Mais tu as laissé le bassin se vider; il n'y a plus rien dedans. Donne-moi ta pelle, que je batte un peu le fond pour le rendre plus solide; va pendant ce temps puiser de l'eau dans le baquet.

Sophie alla chercher de l'eau pendant que Paul travaillait au bassin. Quand elle revint, Paul lui rendit la pelle et dit :

« Ta pelle est toute poissée ; elle colle aux doigts ; qu'est-ce que tu as mis dessus ?

— Rien, répondit Sophie ; rien. Je ne sais pas pourquoi elle colle. »

Et Sophie plongea vivement ses mains dans l'arrosoir plein d'eau, parce qu'elle venait de s'apercevoir qu'elles étaient poissées.

« Pourquoi mets-tu tes mains dans l'arrosoir ? demanda Paul.

SOPHIE, *embarrassée.*

Pour voir si elle est froide.

PAUL, *riant.*

Quel drôle d'air tu as depuis que je suis revenu ! On dirait que tu as fait quelque chose de mal.

SOPHIE, *troublée.*

Quel mal veux-tu que j'aie fait ! Tu n'as qu'à regarder ; tu ne trouveras rien de mal. Je ne sais pas pourquoi tu dis que j'ai fait quelque chose de mal : tu as toujours des idées ridicules.

PAUL.

Comme tu te fâches ! C'est une plaisanterie que j'ai faite. Je t'assure que je ne crois à aucune mauvaise action de ta part, et tu n'as pas besoin de me regarder d'un air si farouche. »

Sophie leva les épaules, reprit son arrosoir et le versa dans le bassin, qui se vida sur le sable. Les enfants jouèrent ainsi jusqu'à huit heures ; les bonnes vinrent les chercher et les emmenèrent. C'était l'heure du coucher.

Sophie eut une nuit un peu agitée; elle rêva qu'elle était près d'un jardin dont elle était séparée par une barrière; ce jardin était rempli de fleurs et de fruits qui semblaient délicieux. Elle cherchait à y entrer; son bon ange la tirait en arrière et lui disait d'une voix triste : « N'entre pas, Sophie; ne goûte pas à ces fruits qui te semblent si bons, et qui sont amers et empoisonnés; ne sens pas ces fleurs qui paraissent si belles et qui répandent une odeur infecte et empoisonnée. Ce jardin est le jardin du mal. Laisse-moi te mener dans le jardin du bien. — Mais, dit Sophie, le chemin pour y aller est raboteux, plein de pierres, tandis que l'autre est couvert d'un sable fin, doux aux pieds. — Oui, dit l'ange, mais le chemin raboteux te mènera dans un jardin de délices. L'autre chemin te mènera dans un lieu de souffrance, de tristesse; tout y est mauvais; les êtres qui l'habitent sont méchants et cruels; au lieu de te consoler, ils riront de tes souffrances, ils les augmenteront en te tourmentant eux-mêmes. » Sophie hésita; elle regardait le beau jardin rempli de fleurs, de fruits, les allées sablées et ombragées; puis, jetant un coup d'œil sur le chemin raboteux et aride qui semblait n'avoir pas de fin, elle se retourna vers la barrière, qui s'ouvrit devant elle, et, s'arrachant des mains de son bon ange, elle entra dans le jardin. L'ange lui cria : « Reviens, reviens, Sophie, je t'attendrai à la barrière; je t'y attendrai jusqu'à ta mort, et, si jamais tu reviens à moi, je te mènerai au jardin

« Ce jardin est le jardin du mal. Laisse-moi te mener dans le jardin du bien. »

de délices par le chemin raboteux, qui s'adoucira et s'embellira à mesure que tu y avanceras. » Sophie n'écouta pas la voix de son bon ange : de jolis enfants lui faisaient signe d'avancer, elle courut à eux, ils l'entourèrent en riant, et se mirent les uns à la pincer, les autres à la tirailler, à lui jeter du sable dans les yeux.

Sophie se débarrassa d'eux avec peine, et, s'éloignant, elle cueillit une fleur d'une apparence charmante; elle la sentit et la rejeta loin d'elle : l'odeur en était affreuse. Elle continua à avancer, et, voyant les arbres chargés des plus beaux fruits, elle en prit un et y goûta; mais elle le jeta avec plus d'horreur encore que la fleur : le goût en était amer et détestable. Sophie, un peu attristée, continua sa promenade, mais partout elle fut trompée comme pour les fleurs et les fruits. Quand elle fut restée quelque temps dans ce jardin où tout était mauvais; elle pensa à son bon ange, et, malgré les promesses et les cris des méchants, elle courut à la barrière et aperçut son bon ange, qui lui tendait les bras. Repoussant les méchants enfants, elle se jeta dans les bras de l'ange, qui l'entraîna dans le chemin raboteux. Les premiers pas lui parurent difficiles, mais plus elle avançait et plus le chemin devenait doux, plus le pays lui semblait frais et agréable. Elle allait entrer dans le jardin du bien, lorsqu'elle s'éveilla agitée et baignée de sueur. Elle pensa longtemps à ce rêve. « Il faudra, se dit-elle, que je demande à maman de me l'expliquer »; et elle se rendormit jusqu'au lendemain.

Quand elle alla chez sa maman, elle lui trouva le visage un peu sévère; mais le rêve lui avait fait oublier les fruits confits, et elle se mit tout de suite à le raconter.

LA MAMAN.

Sais-tu ce qu'il peut signifier, Sophie! C'est que le bon Dieu, qui voit que tu n'es pas sage, te prévient par le moyen de ce rêve que, si tu continues à faire tout ce qui est mal et qui te semble agréable, tu auras des chagrins au lieu d'avoir des plaisirs. Ce jardin trompeur, c'est l'enfer; le jardin du bien, c'est le paradis; on y arrive par un chemin raboteux, c'est-à-dire en se privant de choses agréables, mais qui sont défendues; le chemin devient plus doux à mesure qu'on marche, c'est-à-dire qu'à force d'être obéissant, doux, bon, on s'y habitue tellement que cela ne coûte plus d'obéir et d'être bon, et qu'on ne souffre plus de ne pas se laisser aller à toutes ses volontés.

Sophie s'agita sur sa chaise; elle rougissait, regardait sa maman; elle voulait parler; mais elle ne pouvait s'y décider. Enfin Mme de Réan, qui voyait son agitation, vint à son aide en lui disant :

« Tu as quelque chose à avouer, Sophie; tu n'oses pas le faire, parce que cela coûte toujours d'avouer une faute. C'est précisément le chemin raboteux dans lequel t'appelle ton bon ange et qui te fait peur. Voyons, Sophie, écoute ton bon ange, et saute hardiment dans les pierres du chemin qu'il t'indique. »

Sophie rougit plus encore, cacha sa figure dans

ses mains et, d'une voix tremblante, avoua à sa maman qu'elle avait mangé la veille presque toute la boîte de fruits confits.

MADAME DE RÉAN.

Et comment espérais-tu me le cacher?

SOPHIE.

Je voulais vous dire, maman, que c'étaient les rats qui l'avaient mangée.

MADAME DE RÉAN.

Et je ne l'aurais jamais cru, comme tu le penses bien, puisque les rats ne pouvaient lever le couvercle de la boîte et le refermer ensuite; les rats auraient commencé par dévorer, déchirer la boîte pour arriver aux fruits confits. De plus, les rats n'avaient pas besoin d'approcher un fauteuil pour atteindre l'étagère.

SOPHIE, *surprise*.

Comment! vous avez vu que j'avais tiré le fauteuil?

MADAME DE RÉAN.

Comme tu avais oublié de l'ôter, c'est la première chose que j'ai vue hier en rentrant chez moi. J'ai compris que c'était toi, surtout après avoir regardé la boîte et l'avoir trouvée presque vide. Tu vois comme tu as bien fait de m'avouer ta faute; tes mensonges n'auraient fait que l'augmenter et t'auraient fait punir plus sévèrement. Pour récompenser l'effort que tu fais en avouant tout, tu n'auras d'autre punition que de ne pas manger de fruits confits tant qu'ils dureront.

Sophie baisa la main de sa maman, qui l'embrassa; elle retourna ensuite dans sa chambre, où Paul l'attendait pour déjeuner.

PAUL.

Qu'as-tu donc, Sophie? tu as les yeux rouges.

SOPHIE.

C'est que j'ai pleuré.

PAUL.

Pourquoi? Est-ce que ma tante t'a grondée?

SOPHIE.

Non, mais c'est que j'étais honteuse de lui avouer une mauvaise chose que j'ai faite hier.

PAUL.

Quelle mauvaise chose? Je n'ai rien vu, moi.

SOPHIE.

Parce que je me suis cachée de toi.

Et Sophie raconta à Paul comment elle avait mangé la boîte de fruits confits, après avoir voulu seulement les regarder et choisir les meilleurs pour le lendemain.

Paul loua beaucoup Sophie d'avoir tout avoué à sa maman.

« Comment as-tu eu ce courage? » dit-il.

Sophie lui raconta alors son rêve, et comment sa maman le lui avait expliqué. Depuis ce jour Paul et Sophie parlèrent souvent de ce rêve, qui les aida à être obéissants et bons.

XVII

LE CHAT ET LE BOUVREUIL

Sophie et Paul se promenaient un jour avec leur bonne; ils revenaient de chez une pauvre femme à laquelle ils avaient été porter de l'argent. Ils revenaient tout doucement; tantôt ils cherchaient à grimper à un arbre, tantôt ils passaient au travers des haies et se cachaient dans les buissons. Sophie était cachée et Paul la cherchait, lorsqu'elle entendit un tout petit *miaou* bien faible, bien plaintif. Sophie eut peur; elle sortit de sa cachette.

« Paul, dit-elle, appelons ma bonne; j'ai entendu un petit cri, comme un chat qui miaule, tout près de moi, dans le buisson.

PAUL.

Pourquoi faut-il appeler ta bonne pour cela? Allons voir nous-mêmes ce que c'est.

SOPHIE.

Oh non! j'ai peur.

PAUL, *riant*.

Peur! et de quoi? Tu dis toi-même que c'était un petit cri. Ce n'est donc pas une grosse bête.

SOPHIE.

Je ne sais pas; c'est peut-être un serpent, un jeune loup.

PAUL, *riant*.

Ha! ha! ha! Un serpent qui crie! C'est nouveau, cela! Et un jeune loup qui pousse un si petit cri, que moi, qui étais tout près de toi, je ne l'ai pas entendu!

SOPHIE.

Voilà le même cri! Entends-tu? »

Paul écouta et entendit en effet un petit *miaou* bien faible qui sortait du buisson. Il y courut malgré les prières de Sophie.

« C'est un pauvre petit chat qui a l'air malade, s'écria-t-il après avoir cherché quelques instants. Viens voir comme il paraît misérable. »

Sophie accourut; elle vit un tout petit chat tout blanc, mouillé de rosée et taché de boue, qui était étendu tout près de la place où elle s'était cachée.

« Il faut appeler ma bonne, dit Sophie, pour qu'elle l'emporte; pauvre petit, comme il tremble!

— Et comme il est maigre! » dit Paul.

Ils appelèrent la bonne, qui les suivait de loin. Quand elle les rejoignit, ils lui montrèrent le petit chat et lui demandèrent de l'emporter.

LA BONNE.

Mais comment faire pour l'emporter? Le pauvre petit malheureux est si mouillé et si sale que je ne peux pas le prendre dans mes mains.

SOPHIE.

Eh bien, ma bonne, mettez-le dans des feuilles.

PAUL.

Ou plutôt dans mon mouchoir; il sera bien mieux.

SOPHIE.

C'est cela! essuyons-le avec mon mouchoir, et couchons-le dans le tien; ma bonne l'emportera.

La bonne les aida à arranger le petit chat, qui n'avait pas la force de remuer; quand il fut bien enveloppé dans le mouchoir, la bonne le prit, et tous se dépêchèrent d'arriver à la maison pour lui donner du lait chaud.

Ils n'étaient pas loin de la maison, et ils furent bientôt arrivés. Sophie et Paul coururent en avant, à la cuisine.

« Donnez-nous bien vite une tasse de lait chaud, dit Sophie à Jean, le cuisinier.

— Pour quoi faire, mademoiselle? répondit Jean.

— Pour un pauvre petit chat que nous avons trouvé dans une haie et qui est presque mort de faim. Le voici; ma bonne l'apporte dans un mouchoir. »

La bonne posa le mouchoir par terre; le cuisinier apporta une assiettée de lait chaud au petit chat, qui se jeta dessus et avala tout sans en laisser une goutte.

« J'espère que le voilà content, dit la bonne. Il a bu plus de deux verres de lait.

SOPHIE.

Ah! le voilà qui se relève! Il lèche ses poils.

PAUL.

Si nous l'emportions dans notre chambre?

LE CUISINIER.

Moi, monsieur et mademoiselle, je vous conseillerais de le laisser dans la cuisine, d'abord parce qu'il se séchera mieux dans la cendre chaude, ensuite parce qu'il aura à manger ici tant qu'il voudra; enfin parce qu'il pourra sortir quand il en aura besoin, et qu'il apprendra ainsi à être propre.

PAUL.

C'est vrai. Laissons-le à la cuisine, Sophie.

SOPHIE.

Mais il sera toujours à nous et je le verrai tant que je voudrai?

LE CUISINIER.

Certainement, mademoiselle, vous le verrez quand vous voudrez. Ne sera-t-il pas à vous tout de même? »

Il prit le chat, et le posa sur de la cendre chaude, sous le fourneau. Les enfants le laissèrent dormir et recommandèrent bien au cuisinier de lui mettre du lait près de lui pour qu'il pût en boire toutes les fois qu'il aurait faim.

SOPHIE.

Comment appellerons-nous notre chat?

PAUL.

Appelons-le Chéri.

SOPHIE.

Oh non! C'est commun. Appelons-le plutôt Charmant.

PAUL.

Et si en grandissant il devient laid?

SOPHIE.

C'est vrai. Comment l'appeler alors? Il faut bien pourtant qu'il ait un nom.

PAUL.

Sais-tu ce qui serait un très joli nom? Beau-Minon.

SOPHIE.

Ah oui! Comme dans le conte de Blondine[1]. C'est vrai : appelons-le Beau-Minon. Je demanderai à maman de lui faire un petit collier et de broder tout autour Beau-Minon. »

Et les enfants coururent chez Mme de Réan pour lui raconter l'histoire du petit chat et pour lui demander un collier. La maman alla voir le chat et prit la mesure de son cou.

« Je ne sais pas si ce pauvre chat pourra vivre, dit-elle, il est si maigre et si faible qu'il peut à peine se tenir sur ses pattes.

PAUL.

Mais comment s'est-il trouvé dans la haie? Les chats ne vivent pas dans les bois.

---

1. Voir les *Contes de fées* du même auteur.

MADAME DE RÉAN.

Ce sont peut-être de méchants enfants qui l'ont emporté pour jouer, et l'auront jeté ensuite dans la haie, pensant qu'il pourrait revenir dans sa maison tout seul.

SOPHIE.

Pourquoi aussi n'est-il pas revenu? C'est bien sa faute s'il a été malheureux.

MADAME DE RÉAN.

Il est trop jeune pour avoir pu retrouver son chemin; et puis, il vient peut-être de très loin. Si de méchants hommes t'emmenaient très loin et te laissaient au coin d'un bois, que ferais-tu? Crois-tu que tu pourrais retrouver ton chemin toute seule?

SOPHIE.

Oh! je ne serais par embarrassée! Je marcherais toujours jusqu'à ce que je rencontre quelqu'un ou que je voie une maison; alors je dirais comment je m'appelle et je demanderais qu'on me ramenât

LA MAMAN.

D'abord, tu rencontrerais peut-être de méchantes gens qui ne voudraient pas se déranger de leur chemin ou de leur ouvrage pour te ramener. Et puis, toi, tu peux parler, on te comprendrait! Mais le pauvre chat, crois-tu que, s'il était entré dans une maison, on aurait compris ce qu'il voulait, où il demeurait? On l'aurait chassé, battu, tué peut-être.

SOPHIE.

Mais pourquoi a-t-il été dans ce buisson pour y mourir de faim?

MADAME DE RÉAN.

Les mauvais garçons l'ont peut-être jeté là après l'avoir battu. D'ailleurs il n'a pas été si bête d'être resté là, puisque vous avez passé auprès et que vous l'avez sauvé.

PAUL.

Quant à cela, ma tante, il ne pouvait pas deviner que nous passerions par là.

MADAME DE RÉAN.

Lui, non; mais le bon Dieu, qui le savait, l'a permis afin de vous donner l'occasion d'être charitables, même pour un animal. »

Sophie et Paul, qui étaient impatients de revoir leur chat, ne dirent plus rien et retournèrent à la cuisine, où ils trouvèrent Beau-Minon profondément endormi sur la cendre chaude. Le cuisinier avait mis près de lui une petite jatte de lait; il n'y avait donc rien à faire pour lui, et les enfants allèrent jouer dans leur petit jardin.

Beau-Minon ne mourut pas; en peu de jours il redevint fort, bien portant et gai. A mesure qu'il grandissait, il devenait plus beau; ses longs poils blancs étaient doux et soyeux; ses grands yeux noirs étaient brillants comme des soleils; son nez rose lui donnait un petit air gentil et enfantin. C'était un vrai chat angora de la plus belle espèce. Sophie l'aimait beaucoup; Paul, qui venait très souvent passer quelques jours avec Sophie, l'aimait bien aussi. Beau-Minon était le plus heureux des chats. Il avait un seul défaut, qui désolait Sophie : il était cruel pour les oiseaux. Aussitôt qu'il était dehors, il grimpait aux arbres pour chercher des nids et pour manger les petits qu'il y trouvait. Quelquefois même il avait mangé les pauvres mamans oiseaux qui cherchaient à défendre leurs petits contre le méchant Beau-Minon. Quand Sophie et Paul le voyaient grimper aux arbres, ils faisaient ce qu'ils pouvaient pour le faire descendre ; mais Beau-Minon ne les écoutait pas, et continuait tout de même à grimper et à manger les petits oiseaux. On entendait alors les *cuic, cuic* plaintifs.

Lorsque Beau-Minon descendait de l'arbre, Sophie lui donnait de grands coups de verges ; mais il trouva moyen de les éviter en restant si longtemps tout en haut de l'arbre, que Sophie ne pouvait pas l'atteindre. D'autres fois, quand il était arrivé à moitié de l'arbre, il s'élançait, sautait à terre et se sauvait à toutes jambes avant que Sophie eût pu l'attraper.

« Prends garde, Beau-Minon ! lui disaient les enfants. Le bon Dieu te punira de ta méchanceté. Il t'arrivera malheur un jour. »

Beau-Minon ne les écoutait pas.

Un jour Mme de Réan apporta dans le salon un charmant oiseau, dans une belle cage toute dorée.

« Voyez, mes enfants, quel joli bouvreuil m'a

envoyé un de mes amis. Il chante parfaitement.

SOPHIE ET PAUL, *ensemble*.

Oh! que je voudrais l'entendre!

MADAME DE RÉAN.

Je vais le faire chanter ; mais n'approchez pas trop,

pour ne pas l'effrayer.... Petit, petit, continua Mme de Réan en parlant au bouvreuil, chante, mon ami ; chante, petit, chante. »

Le bouvreuil commença à se balancer, à pencher sa tête à droite et à gauche, et puis il se mit à siffler l'air : *Au clair de la lune.* Quand il eut fini, il siffla : *J'ai du bon tabac,* puis : *Le bon roi Dagobert.*

Les enfants l'écoutaient sans bouger; ils osaient à peine respirer, pour ne pas faire peur au bouvreuil. Quand il eut fini, Paul s'écria :

« Oh! ma tante, comme il chante bien! Quelle petite voix douce! Je voudrais l'entendre toujours!

— Nous le ferons recommencer après dîner, dit Mme de Réan; à présent il est fatigué, il arrive de voyage; donnons-lui à manger. Allez au jardin, mes enfants, rapportez-moi du mouron ou du plantin; le jardinier vous montrera où il y en a. »

Les enfants coururent au potager et rapportèrent une telle quantité de mouron qu'on aurait pu y enterrer toute la cage. Leur maman leur dit de n'en cueillir qu'une petite poignée une autrefois, et ils en mirent dans la cage du bouvreuil, qui commença tout de suite à le becqueter.

« Allons dîner à présent, mes enfants, dit Mme de Réan, vos papas nous attendent. »

Pendant le dîner on parla beaucoup du joli bouvreuil.

« Quelle belle tête noire il a! dit Sophie.

— Et quel joli ventre rouge! dit Paul.

— Et comme il chante bien! dit Mme de Réan.

— Il faudra lui faire chanter tous ses airs », dit M. de Réan.

Aussitôt que le dîner fut fini, on retourna au salon; les enfants couraient en avant. Au moment d'entrer au salon, Mme de Réan y entendit pousser un cri affreux; elle accourut et les trouva immobiles de frayeur et montrant du doigt la cage du bouvreuil. De cette cage, dont plusieurs barreaux étaient tordus et cassés, Beau-Minon s'élançait par terre, tenant dans sa gueule le pauvre bouvreuil qui battait encore des ailes. Mme de Réan cria à son tour et courut à Beau-Minon pour lui faire lâcher l'oiseau. Beau-Minon se sauva sous un fauteuil. M. de Réan, qui entrait en ce moment, saisit une pincette et voulut en donner un coup à Beau-Minon. Mais le chat, qui était prêt à se sauver, s'élança vers la porte restée entr'ouverte. M. de Réan le poursuivit de chambre en chambre, de corridor en corridor. Le pauvre oiseau ne criait plus, ne se débattait plus. Enfin M. de Réan parvint à attraper Beau-Minon avec la pincette. Le coup avait été si fort que sa gueule s'ouvrit et laissa échapper l'oiseau. Pendant que le bouvreuil tombait d'un côté, Beau-Minon tombait de l'autre. Il eut deux ou trois convulsions et il ne bougea plus ; la pincette l'avait frappé à la tête ; il était mort.

Mme de Réan et les enfants, qui couraient après M. de Réan, après le chat et après le bouvreuil, arrivèrent au moment de la dernière convulsion de Beau-Minon.

« Beau-Minon mon pauvre Beau-Minon ! s'écria Sophie.

— Le bouvreuil, le pauvre bouvreuil ! s'écria Paul.

— Mon ami, qu'avez-vous fait ? s'écria Mme de Réan.

— J'ai puni le coupable, mais je n'ai pu sauver l'innocent, répondit M. de Réan. Le bouvreuil est mort étouffé par le méchant Beau-Minon, qui ne tuera plus personne, puisque je l'ai tué sans le vouloir. »

Sophie n'osait rien dire, mais elle pleura amèrement son pauvre chat, qu'elle aimait malgré ses défauts.

« Je lui avais bien dit, disait-elle à Paul, que le bon Dieu le punirait de sa méchanceté pour les oiseaux. Hélas! pauvre Beau-Minon! te voilà mort, et par ta faute! »

XVIII

LA BOÎTE A OUVRAGE

Quand Sophie voyait quelque chose qui lui faisait envie, elle le demandait. Si sa maman le lui refusait, elle redemandait et redemandait jusqu'à ce que sa maman, ennuyée, la renvoyât dans sa chambre. Alors, au lieu de n'y plus penser, elle y pensait toujours et répétait :

« Comment faire pour avoir ce que je veux ? J'en ai si envie ! Il faut que je tâche de l'avoir. »

Bien souvent, en tâchant de l'avoir, elle se faisait punir ; mais elle ne se corrigeait pas.

Un jour sa maman l'appela pour lui montrer une charmante boîte à ouvrage que M. de Réan venait d'envoyer de Paris. La boîte était en écaille avec de l'or ; le dedans était doublé de velours bleu, il y avait tout ce qu'il fallait pour travailler, et tout était en or ; il y avait un dé, des ciseaux, un étui, un poinçon, des bobines, un couteau, un canif, de petites pinces, un passe-lacet. Dans un autre compartiment il y avait une boîte à aiguilles, une boîte à épingles dorées, une provision de soies de toutes couleurs, de fils de différentes grosseurs, de cordons, de rubans, etc. Sophie se récria sur la beauté de la boîte :

« Comme tout cela est joli! dit-elle, et comme c'est commode d'avoir tout ce qu'il faut pour travailler! Pour qui est cette boîte, maman? ajouta Sophie en souriant, comme si elle avait été sûre que sa maman répondrait : *C'est pour toi.*

— C'est à moi que ton papa l'a envoyée, répondit Mme de Réan.

SOPHIE.

Quel dommage! J'aurais bien voulu l'avoir.

MADAME DE RÉAN.

Eh bien! je te remercie! Tu es fâchée que ce soit moi qui aie cette jolie boîte! C'est un peu égoïste.

SOPHIE.

Oh! maman, donnez-la-moi, je vous en prie.

MADAME DE RÉAN.

Tu ne travailles pas encore assez bien pour avoir une si jolie boîte. De plus tu n'as pas assez d'ordre. Tu ne rangerais rien et tu perdrais tous les objets les uns après les autres.

SOPHIE.

Oh non! maman, je vous assure; j'en aurais bien soin.

MADAME DE RÉAN.

Non, Sophie, n'y pense pas; tu es trop jeune.

SOPHIE.

Je commence à très bien travailler, maman; j'aime beaucoup à travailler.

MADAME DE RÉAN.

En vérité! Et pourquoi es-tu toujours si désolée quand je t'oblige à travailler?

SOPHIE, *embarrassée.*

C'est..., c'est... parce que je n'ai pas ce qu'il me faut pour travailler. Mais, si j'avais cette boîte, je travaillerais avec un plaisir..., oh! un plaisir....

MADAME DE RÉAN.

Tâche de travailler avec plaisir sans la boîte, c'est le moyen d'arriver à en avoir une.

SOPHIE.

Oh! maman, je vous en prie!

MADAME DE RÉAN.

Sophie, tu m'ennuies. Je te prie de ne plus songer à la boîte. »

Sophie se tut; elle continua à regarder la boîte, puis elle la redemanda à sa maman plus de dix fois. La maman, impatientée, la renvoya dans le jardin.

Sophie ne joua pas, ne se promena pas; elle resta assise sur un banc, pensant à la boîte et cherchant les moyens de l'avoir.

« Si je savais écrire, dit-elle, j'écrirais à papa pour qu'il m'en envoie une toute pareille; mais... je ne sais pas écrire; et, si je dictais la lettre à maman, elle me gronderait et ne voudrait pas l'écrire.... Je pourrais bien attendre que papa soit revenu; mais il faudrait attendre trop longtemps et je voudrais avoir la boîte tout de suite.... »

Sophie réfléchit, réfléchit longtemps; enfin elle sauta de dessus son banc, frotta ses mains l'une contre l'autre et s'écria :

« J'ai trouvé, j'ai trouvé. La boîte sera à moi. »

Et voilà Sophie qui rentre au salon, la boîte était restée sur la table; mais la maman n'y était plus. Sophie avance avec précaution, ouvre la boîte et en retire une à une toutes les choses qui la remplissaient. Son cœur battait, car elle allait voler, comme les voleurs que l'on met en prison. Elle avait peur que quelqu'un n'entrât avant qu'elle eût fini. Mais personne ne vint; Sophie put prendre tout ce qui était dans la boîte. Quand elle eut tout pris, elle referma doucement la boîte, la replaça au milieu de la table et alla dans un petit salon où étaient ses joujoux et ses petits meubles; elle ouvrit le tiroir de sa petite table et y enferma tout ce qu'elle avait pris dans la boîte de sa maman.

« Quand maman n'aura plus qu'une boîte vide, dit-elle, elle voudra bien me la donner; et alors j'y remettrai tout, et la jolie boîte sera à moi!. »

Sophie, enchantée de cette espérance, ne pensa même pas à se reprocher ce qu'elle avait fait; elle ne se demanda pas : « Que dira maman? Qui accusera-t-elle d'avoir volé ses affaires? Que répon-

drai-je quand on me demandera si c'est moi? »
Sophie ne pensa à rien qu'au bonheur d'avoir la boîte.

Toute la matinée se passa sans que la maman s'aperçût du vol de Sophie; mais à l'heure du dîner, quand tout le monde se réunit au salon, Mme de Réan dit aux personnes qu'elle avait invitées à dîner qu'elle allait leur montrer une bien jolie boîte à ouvrage que M. de Réan lui avait envoyée de Paris.

« Vous verrez, ajouta-t-elle, comme c'est complet; tout ce qui est nécessaire pour travailler se trouve dans la boîte. Voyez d'abord la boîte elle-même; comme elle est jolie!

— Charmante, répondit-on, charmante. »

Mme de Réan l'ouvrit. Quelle fut sa surprise et celle des personnes qui l'entouraient, de trouver la boîte vide!

« Que signifie cela? dit-elle. Ce matin, tout y était, et je ne l'ai pas touchée depuis.

— L'aviez-vous laissée au salon? demanda une des dames invitées.

MADAME DE RÉAN.

Certainement, et sans la moindre inquiétude; tous mes domestiques sont honnêtes et incapables de me voler.

LA DAME.

Et pourtant la boîte est vide, chère madame; il est certain que quelqu'un l'a vidée. »

Le cœur de Sophie battait avec violence pendant cette conversation; elle se tenait cachée derrière tout le monde, rouge comme un radis et tremblant de tous ses membres.

Mme de Réan, la cherchant des yeux et ne la voyant pas, appela : « Sophie, Sophie, où es-tu? »

Comme Sophie ne répondait pas, les dames derrière lesquelles elle était cachée, et qui la savaient là, s'écartèrent, et Sophie parut dans un tel état de rougeur et de trouble, que chacun devina sans peine que le voleur était elle-même.

« Approchez, Sophie », dit Mme de Réan.

Sophie s'avança d'un pas lent; ses jambes tremblaient sous elle.

MADAME DE RÉAN.

Où avez-vous mis les choses qui étaient dans ma boîte?

SOPHIE, *tremblante*.

Je n'ai rien pris, maman, je n'ai rien caché.

MADAME DE RÉAN.

Il est inutile de mentir, mademoiselle; rapportez tout à la minute, si vous ne voulez être punie comme vous le méritez.

SOPHIE, *pleurant*.

Mais, maman, je vous assure que je n'ai rien pris.

MADAME DE RÉAN.

Suivez-moi, mademoiselle.

Et, comme Sophie restait sans bouger, Mme de Réan lui prit la main et l'entraîna malgré sa résistance dans le salon à joujoux. Elle se mit à chercher dans les tiroirs de la petite commode, dans l'armoire de la poupée; ne trouvant rien, elle commençait à craindre d'avoir été injuste envers Sophie, lorsqu'elle se dirigea vers la petite table.

Sophie trembla plus fort lorsque sa maman, ouvrant le tiroir, aperçut tous les objets de sa boîte à ouvrage, que Sophie avait cachés là.

Sans rien dire, elle prit Sophie et la fouetta comme elle ne l'avait jamais fouettée. Sophie eut beau crier, demander grâce, elle reçut le fouet de la bonne manière, et il faut avouer qu'elle le méritait.

Mme de Réan vida le tiroir et emporta tout ce qu'elle y avait trouvé, pour le remettre dans sa boîte, laissant Sophie pleurer seule dans le petit salon.

Elle était si honteuse qu'elle n'osait plus rentrer pour dîner ; et elle fit bien, car Mme de Réan lui envoya sa bonne pour l'emmener dans sa chambre, où elle devait dîner et passer la soirée. Sophie pleura beaucoup et longtemps ; la bonne, malgré ses gâteries habituelles, était indignée et l'appelait voleuse.

« Il faudra que je ferme tout à clef, disait-elle, de peur que vous ne me voliez. Si quelque chose se perd dans la maison, on saura bien trouver le voleur et on ira tout droit fouiller dans vos tiroirs. »

Le lendemain, Mme de Réan fit appeler Sophie.

« Écoutez, mademoiselle, lui dit-elle, ce que m'écrivait votre papa en m'envoyant la boîte à ouvrage.

« Ma chère amie, je viens d'acheter une char-
« mante boîte à ouvrage que je vous envoie. Elle
« est pour Sophie, mais ne le lui dites pas et ne
« la lui donnez pas encore. Que ce soit la récom-
« pense de huit jours de sagesse. Faites-lui voir
« la boîte, mais ne lui dites pas que je l'ai achetée
« pour elle. Je ne veux pas qu'elle soit sage par

« intérêt, pour gagner un beau présent; je veux
« qu'elle le soit par un vrai désir d'être bonne.... »

« Vous voyez, continua Mme de Réan, qu'en
me volant, vous vous êtes volée vous-même. Après
ce que vous avez fait, vous auriez beau être sage
pendant des mois, vous n'aurez jamais cette boîte.
J'espère que la leçon vous profitera et que vous
ne recommencerez pas une action si mauvaise et
si honteuse. »

Sophie pleura encore, supplia sa maman de lui
pardonner. La maman finit par y consentir, mais
elle ne voulut jamais lui donner la boîte; plus tard
elle la donna à la petite Élisabeth Chêneau, qui
travaillait à merveille et qui était d'une sagesse
admirable.

Quand le bon, l'honnête petit Paul apprit ce
qu'avait fait Sophie, il en fut si indigné qu'il fut
huit jours sans vouloir aller chez elle. Mais, quand
il sut combien elle était affligée et repentante, et
combien elle était honteuse d'être appelée voleuse,
son bon cœur souffrit pour elle; il alla la voir; au
lieu de la gronder, il la consola et lui dit :

« Sais-tu, ma pauvre Sophie, le moyen de faire
oublier ton vol? C'est d'être si honnête, qu'on ne
puisse pas même te soupçonner à l'avenir. »

Sophie lui promit d'être très honnête, et elle
tint parole.

XIX

L'ANE

Sophie avait été très sage depuis quinze jours; elle n'avait pas fait une seule grosse faute; Paul disait qu'elle ne s'était pas mise en colère depuis longtemps; la bonne disait qu'elle était devenue obéissante. La maman trouvait qu'elle n'était plus ni gourmande, ni menteuse, ni paresseuse, elle voulait récompenser Sophie, mais elle ne savait pas ce qui pourrait lui faire plaisir.

Un jour qu'elle travaillait, sa fenêtre ouverte, pendant que Sophie et Paul jouaient devant la maison, elle entendit une conversation qui lui apprit ce que désirait Sophie.

PAUL, *s'essuyant le visage.*

Que j'ai chaud, que j'ai chaud! je suis en nage.

SOPHIE, *s'essuyant de même.*

Et moi donc! Et pourtant nous n'avons pas fait beaucoup d'ouvrage.

PAUL.

C'est que nos brouettes sont si petites!

SOPHIE.

Si nous prenions les grosses brouettes du potager, nous irions plus vite.

PAUL.

Nous n'aurions pas la force de les traîner : j'ai voulu un jour en mener une; j'ai eu de la peine à l'enlever, et, quand j'ai voulu avancer, le poids de la brouette m'a entraîné, et j'ai versé toute la terre qui était dedans.

SOPHIE.

Mais notre jardin ne sera jamais fini; avant de le bêcher et de le planter, nous devons y traîner plus de cent brouettes de bonne terre. Et il y a si loin pour l'aller chercher!

PAUL.

Que veux-tu? Ce sera long, mais nous finirons par le faire.

SOPHIE.

Ah! si nous avions un âne, comme Camille et Madeleine de Fleurville, et une petite charrette! c'est alors que nous ferions de l'ouvrage en peu de temps!

PAUL.

C'est vrai! Mais nous n'en avons pas. Il faudra bien que nous fassions l'ouvrage de l'âne.

SOPHIE.

Écoute, Paul, j'ai une idée.

PAUL, *riant*.

Oh! si tu as une idée, nous sommes sûrs de faire quelque sottise, car tes idées ne sont pas fameuses, en général.

SOPHIE, *avec impatience*.

Mais écoute donc, avant de te moquer. Mon idée est excellente. Combien ma tante te donne-t-elle d'argent par semaine?

PAUL.

Un franc; mais c'est pour donner aux pauvres, aussi bien que pour m'amuser.

SOPHIE.

Bon! moi, j'ai aussi un franc; ce qui fait deux francs par semaine. Au lieu de dépenser notre argent, gardons-le jusqu'à ce que nous puissions acheter un âne et une charrette.

PAUL.

Ton idée serait bonne si, au lieu de deux francs, nous en avions vingt : mais avec deux francs nous ne pourrions plus rien donner aux pauvres, ce qui serait mal, et puis il nous faudrait attendre deux ans avant d'avoir de quoi acheter un âne et une voiture.

SOPHIE.

Deux francs par semaine, combien cela fait-il par mois?

PAUL.

Je ne sais pas au juste, mais je sais que c'est très peu.

SOPHIE, *réfléchissant*.

Eh bien! voilà une autre idée. Si nous demandions à maman et à ma tante de nous donner tout de suite l'argent de nos étrennes?

PAUL.

Elles ne voudront pas.

SOPHIE.

Demandons-le toujours.

PAUL.

Demande si tu veux; moi j'aime mieux attendre ce que te dira ma tante; je ne demanderai que si elle dit oui.

Sophie courut chez sa maman, qui fit semblant de n'avoir rien entendu.

« Maman, dit-elle, voulez-vous me donner d'avance mes étrennes?

MADAME DE RÉAN.

Tes étrennes? je ne peux pas te les acheter ici; c'est à notre retour à Paris que je les aurai.

SOPHIE.

Oh! maman, je voudrais que vous me donniez l'argent de mes étrennes; j'en ai besoin.

MADAME DE RÉAN.

Comment peux-tu avoir besoin de tant d'argent? si c'est pour les pauvres, dis-le-moi, je donnerai ce qui est nécessaire : tu sais que je ne te refuse jamais pour les pauvres.

SOPHIE, *embarrassée*.

Maman, ce n'est pas pour les pauvres; c'est..., c'est pour acheter un âne.

MADAME DE RÉAN.

Pour quoi faire, un âne?

SOPHIE.

Oh! maman, nous en avons tant besoin, Paul et moi! Voyez comme j'ai chaud; Paul a encore plus chaud que moi. C'est parce que nous avons brouetté de la terre pour notre jardin.

MADAME DE RÉAN, *riant*.

Et tu crois qu'un âne brouettera à votre place?

SOPHIE.

Mais non, maman! je sais bien qu'un âne ne peut pas brouetter; c'est que je ne vous ai pas dit qu'avec l'âne il nous faudrait une charrette, nous y attellerons notre âne et nous mènerons beaucoup de terre sans nous fatiguer.

MADAME DE RÉAN.

J'avoue que ton idée est bonne.

SOPHIE, *battant des mains*.

Ah! je savais bien qu'elle était bonne.... Paul, Paul! ajouta-t-elle, appelant à la fenêtre.

MADAME DE RÉAN.

Attends avant de te réjouir. Ton idée est bonne, mais je ne veux pas te donner l'argent de tes étrennes.

SOPHIE, *consternée*.

Mais alors... comment ferons-nous?...

MADAME DE RÉAN.

Vous resterez bien tranquilles et tu continueras à être bien sage pour mériter l'âne et la petite voiture, que je vais te faire acheter le plus tôt possible.

SOPHIE, *sautant de joie et embrassant sa maman.*

Quel bonheur! quel bonheur! Merci, ma chère maman. Paul, Paul! nous avons un âne, nous avons une voiture.... Viens donc, viens vite!

PAUL, *accourant.*

Où donc, où donc? Où sont-ils?

SOPHIE.

Maman nous les donne; elle va les faire acheter.

MADAME DE RÉAN.

Oui, je vous les donne à tous deux : à toi, Paul, pour te récompenser de ta bonté, de ton obéissance, de ta sagesse; à toi, Sophie, pour t'encourager à imiter ton cousin et à te montrer toujours douce, obéissante et travailleuse, comme tu l'es depuis quinze jours. Venez avec moi chercher Lambert; nous lui expliquerons notre affaire et il nous achètera votre âne et votre voiture. »

Les enfants ne se le firent pas dire deux fois, ils coururent en avant; ils trouvèrent Lambert dans la cour, où il mesurait de l'avoine qu'il venait d'acheter. Les enfants se mirent à lui expliquer avec tant d'animation ce qu'ils voulaient, ils parlaient ensemble et si vite, que Lambert n'y comprit rien. Il regardait avec étonnement les enfants et Mme de Réan, qui prit enfin la parole, et qui expliqua la chose à Lambert.

SOPHIE.

Allez tout de suite, Lambert, je vous en prie; il nous faut notre âne tout suite, avant de dîner.

LAMBERT, *riant*.

Un âne ne se trouve pas comme une baguette, mademoiselle. Il faut que je sache s'il y en a à vendre, que je coure dans tous les environs, pour vous en avoir un bien doux, qui ne rue pas, qui ne morde pas, qui ne soit point entêté, qui ne soit ni trop jeune ni trop vieux.

SOPHIE.

Dieu, que de choses pour un âne! Prenez le premier que vous trouverez, Lambert; ce sera plus tôt fait.

LAMBERT.

Non, mademoiselle, je ne prendrai pas le premier venu : je vous exposerais à vous faire mordre ou à recevoir un coup de pied.

SOPHIE.

Bah! bah! Paul saura bien le rendre sage.

PAUL.

Mais pas du tout; je ne veux pas mener un âne qui mord et qui rue.

MADAME DE RÉAN.

Laissez faire Lambert, mes enfants; vous verrez que votre commission sera très bien faite. Il s'y connaît et il ne ménage pas sa peine.

PAUL.

Et la voiture, ma tante? Comment pourra-t-on en avoir une assez petite pour y atteler l'âne?

LAMBERT.

Ne vous tourmentez pas, monsieur Paul : en attendant que le charron en fasse une, je vous prêterai ma grande voiture à chiens; vous la garderez tant que cela vous fera plaisir.

PAUL.

Oh! merci, Lambert; ce sera charmant.

SOPHIE.

Partez, Lambert, partez vite.

MADAME DE RÉAN.

Donne-lui le temps de serrer son avoine; s'il la laissait au milieu de la cour, les poulets et les oiseaux la mangeraient.

Lambert rangea ses sacs d'avoine au fond de la grange et, voyant l'impatience des enfants, partit pour trouver un âne dans les environs.

Sophie et Paul croyaient qu'il allait revenir très promptement, ramenant un âne; ils restèrent devant la maison à l'attendre. De temps en temps ils allaient voir dans la cour si Lambert revenait; au bout d'une heure ils commencèrent à trouver que c'était fort ennuyeux d'attendre et de ne pas jouer.

PAUL, *bâillant*.

Dis donc, Sophie, si nous allions nous amuser dans notre jardin?

SOPHIE, *bâillant*.

Est-ce que nous ne nous amusons pas ici?

PAUL, *bâillant*.

Il me semble que non. Pour moi, je sais que je ne m'amuse pas du tout.

SOPHIE.

Et si Lambert arrive avec l'âne, nous ne le verrons pas.

PAUL.

Je commence à croire qu'il ne reviendra pas si tôt.

SOPHIE.

Moi, je crois, au contraire, qu'il va arriver.

PAUL.

Attendons, je veux bien,... mais (*il bâille*)... c'est bien ennuyeux.

SOPHIE.

Va-t'en, si tu t'ennuies ; je ne te demande pas de rester, je resterai bien toute seule.

PAUL, *après avoir hésité.*

Eh bien ! je m'en vais, tiens ; c'est trop bête de perdre sa journée à attendre. Et à quoi bon ? Si Lambert ramène un âne, nous le saurons tout de suite ; tu penses bien qu'on viendra nous le dire dans notre jardin. Et s'il n'en ramène pas, à quoi sert de nous ennuyer pour rien ?

SOPHIE.

Allez, monsieur, allez, je ne vous en empêche pas.

PAUL.

Ah bah ! tu boudes sans savoir pourquoi. Au revoir, à dîner, mademoiselle grognon.

SOPHIE.

Au revoir, monsieur malappris, maussade, désagréable, impertinent.

PAUL *fait un signe moqueur.*

Au revoir, douce, patiente, aimable Sophie !

Sophie courut à Paul pour lui donner une tape ; mais Paul, prévoyant ce qui allait arriver, était

13

déjà parti à toutes jambes. Se retournant pour voir si Sophie le poursuivait, il la vit courant après lui avec un bâton qu'elle avait ramassé. Paul courut plus fort et se cacha dans le bois. Sophie, ne le voyant plus, retourna devant la maison.

« Quel bonheur, pensa-t-elle, que Paul se soit sauvé, et que je n'aie pas pu l'attraper! je lui aurais donné un coup de bâton qui lui aurait fait mal; maman l'aurait su, et n'aurait plus voulu me donner mon âne ni ma voiture. Quand Paul reviendra, je l'embrasserai.... Il est très bon,... mais il est tout de même bien taquin. »

Sophie continua à attendre Lambert jusqu'à ce que la cloche eût sonné le dîner.

Elle rentra fâchée d'avoir attendu si longtemps pour rien. Paul, qu'elle retrouva dans sa chambre, la regarda d'un air un peu moqueur.

« T'es-tu bien amusée? lui dit-il.

SOPHIE.

Non; je me suis horriblement ennuyée, et tu avais bien raison de vouloir t'en aller. Ce Lambert ne revient pas; c'est ennuyeux!

PAUL.

Je te l'avais bien dit.

SOPHIE.

Eh oui, tu me l'avais bien dit, je le sais bien. Mais c'est tout de même fort ennuyeux. »

On frappe à la porte. La bonne crie : « Entrez ». La porte s'ouvre, Lambert paraît. Sophie et Paul poussent un cri de joie.

« Et l'âne, et l'âne? demandent-ils.

LAMBERT.

Il n'y a pas d'âne à vendre dans le pays, mademoiselle ; j'ai toujours marché depuis que je vous ai quittés ; je suis entré partout où je pensais trouver un âne. Je n'ai rien trouvé.

SOPHIE, *pleurant.*

Quel malheur, mon Dieu, quel malheur! Comment faire à présent?

LAMBERT.

Mais il ne faut pas vous désoler, mademoiselle ; nous en aurons un, bien sûr ; seulement il faut attendre.

PAUL.

Attendre combien de temps?

LAMBERT.

Peut-être une semaine, peut-être une quinzaine, cela dépend. Demain j'irai au marché, à la ville ; peut-être trouverons-nous un bourri.

PAUL.

Un bourri! qu'est-ce que c'est que ça, un bourri?

LAMBERT.

Tiens, vous qui êtes si savant, vous ne savez pas cela? Un bourri, c'est un âne.

SOPHIE.

C'est drôle, un bourri! je ne savais pas cela, moi non plus.

LAMBERT.

Ah! voilà, mademoiselle! on devient savant à

mesure qu'on grandit. Je vais trouver votre maman pour lui dire que demain, de grand matin, faut que j'aille au marché pour le bourri. Au revoir, monsieur et mademoiselle. »

Et Lambert sortit, laissant les enfants contrariés de ne pas avoir leur âne.

« Nous l'attendrons peut-être longtemps! » dirent-ils en soupirant.

La matinée du lendemain se passa à attendre l'âne. Mme de Réan avait beau leur dire que c'est presque toujours comme cela, qu'il est impossible d'avoir tout ce qu'on désire et à la minute qu'on le désire, qu'il faut s'habituer à attendre et même quelquefois à ne jamais avoir ce dont on a bien envie; les enfants répondaient : « C'est vrai », mais ils n'en soupiraient pas moins, ils regardaient avec la même impatience si Lambert revenait avec un âne. Enfin, Paul, qui était à la fenêtre, crut entendre au loin un hi han! hi han! qui ne pouvait venir que d'un âne.

« Sophie, Sophie, s'écria-t-il, écoute. Entends-tu un âne qui brait? C'est peut-être Lambert.

MADAME DE RÉAN.

Peut-être est-ce un âne du pays, ou un âne qui passe sur la route.

SOPHIE.

Oh! maman, permettez-moi d'aller voir si c'est Lambert avec le bourri.

MADAME DE RÉAN.

Le bourri? qu'est-ce que c'est que cette manière

de parler? Il n'y a que les gens de la campagne qui appellent un âne un bourri.

PAUL.

Ma tante, c'est Lambert qui nous a dit qu'un âne s'appelait un bourri : il a même été étonné que nous ne le sachions pas.

MADAME DE RÉAN.

Lambert parle comme les gens de la campagne, mais, vous qui vivez au milieu de gens plus instruits, vous devez parler mieux.

SOPHIE.

Oh! maman, j'entends encore le hi han! de l'âne; pouvons-nous aller voir?

MADAME DE RÉAN.

Allez, allez, mes enfants; mais n'allez que jusqu'à la grand'route : ne passez pas la barrière. »

Sophie et Paul partirent comme des flèches. Ils coururent au travers de l'herbe et du bois, pour être plus tôt arrivés. Mme de Réan leur criait : « N'allez pas dans l'herbe, elle est trop haute; ne traversez pas le bois, il y a des épines ». Ils n'entendaient pas et couraient, bondissaient comme des chevreuils. Ils furent bientôt arrivés à la barrière, et la première chose qu'ils aperçurent sur la grand'route, ce fut Lambert, menant par un licou un âne superbe, mais pas trop grand cependant.

« Un âne, un âne! merci Lambert, merci! Quel bonheur! s'écrièrent-ils ensemble.

— Comme il est joli! dit Paul.

— Comme il a l'air bon ! dit Sophie. Allons vite le dire à maman.

LAMBERT.

Tenez, monsieur Paul, montez dessus ; mademoiselle Sophie va monter derrière vous ; je le tiendrai par son licou.

SOPHIE.

Mais si nous tombons.

LAMBERT.

Ah ! il n'y a pas de danger, je vais marcher près de vous. D'ailleurs, on me l'a vendu pour un bourri parfait et très doux. »

Lambert aida Paul et Sophie à monter sur l'âne ; il marcha près d'eux. Ils arrivèrent ainsi jusque sous les fenêtres de Mme de Réan, qui, les voyant venir, sortit pour mieux voir l'âne.

On le mena à l'écurie ; Sophie et Paul lui donnèrent de l'avoine ; Lambert lui fit une bonne litière avec de la paille. Les enfants voulaient rester là à le regarder manger ; mais l'heure du dîner approchait, il fallait se laver les mains, se peigner, et l'âne fut laissé en compagnie des chevaux jusqu'au lendemain.

Le lendemain et les jours suivants, l'âne fut attelé à la petite charrette à chiens, en attendant que le charron fît une jolie voiture pour promener les enfants et une petite charrette pour charrier de la terre, des pots de fleurs, du sable, tout ce qu'ils voulaient mettre dans leur jardin. Paul avait appris à atteler et dételer l'âne, à le brosser, le peigner, lui faire sa litière, lui donner à manger, à boire. Sophie l'aidait et s'en tirait presque aussi bien que lui.

Mme de Réan leur avait acheté un bât et une jolie selle pour les faire monter à âne. Dans les premiers temps, la bonne les suivait; mais, quand on vit l'âne doux comme un agneau, Mme de Réan leur permit d'aller seuls, pourvu qu'ils ne sortissent pas du parc.

Un jour, Sophie était montée sur l'âne : Paul le faisait avancer en lui donnant force coups de baguette. Sophie lui dit :

« Ne le bats pas, tu lui fais mal.

PAUL.

Mais, quand je ne le tape pas, il n'avance pas; d'ailleurs ma baguette est si mince qu'elle ne peut pas lui faire grand mal.

SOPHIE.

J'ai une idée! Si, au lieu de le taper, je le piquais avec un éperon?

PAUL.

Voilà une drôle d'idée. D'abord tu n'as pas d'éperon; ensuite la peau de l'âne est si dure qu'il ne sentirait pas l'éperon.

SOPHIE.

C'est égal; essayons toujours; tant mieux si l'éperon ne lui fait pas de mal.

PAUL.

Mais je n'ai pas d'éperon à te donner.

SOPHIE.

Nous en ferons un avec une grosse épingle que

nous piquerons dans mon soulier; la tête sera en dedans du soulier, et la pointe sera en dehors.

PAUL.

Tiens, mais c'est très bien imaginé ! As-tu une épingle ?

SOPHIE.

Non, mais nous pouvons retourner à la maison ; je demanderai des épingles à la cuisine : il y en a toujours de très grosses. »

Paul monta en croupe sur l'âne, et ils arrivèrent au galop devant la cuisine. Le cuisinier leur donna deux épingles, croyant que Sophie en avait besoin pour cacher un trou à sa robe. Sophie ne voulut pas arranger son éperon devant la maison, car elle sentait bien qu'elle faisait une sottise, et elle avait peur que sa maman ne la grondât.

« Il vaut mieux, dit-elle, arranger cela dans le bois ; nous nous assoirons sur l'herbe, et l'âne mangera pendant que nous travaillerons ; nous aurons l'air de voyageurs qui se reposent. »

Arrivés dans le bois, Sophie et Paul descendirent ; l'âne, content d'être libre, se mit à manger l'herbe du bord des chemins. Sophie et Paul s'assirent par terre et commencèrent leur ouvrage. La première épingle perça bien le soulier, mais elle plia tellement qu'elle ne put pas servir. Ils en avaient heureusement une autre, qui entra facilement dans le soulier déjà percé ; Sophie le mit, l'attacha. Paul rattrapa l'âne, aida Sophie à monter dessus, et la voilà qui donne des coups de talon et pique l'âne avec l'épingle. L'âne part au trot. Sophie, enchantée, pique encore et encore; l'âne se met à galoper, et si vite que Sophie a peur; elle se cramponne à la bride. Dans sa frayeur elle serre son talon contre l'âne; plus elle appuie, plus elle pique; il se met à ruer, à sauter, et il lance Sophie à dix pas de lui. Sophie reste sur le sable, étourdie par la chute. Paul, qui était demeuré en arrière, accourt, effrayé; il aide Sophie à se relever; elle avait les mains et le nez écorchés.

« Que va dire maman? dit-elle à Paul. Que lui dirons-nous quand elle nous demandera comment j'ai pu tomber?

PAUL.

Nous lui dirons la vérité.

SOPHIE.

Oh! Paul! pas tout, pas tout; ne parle pas de l'épingle.

PAUL.

Mais que veux-tu que je dise?

SOPHIE.

Dis que l'âne a rué et que je suis tombée.

PAUL.

Mais l'âne est si doux, il n'aurait jamais rué sans ta maudite épingle.

SOPHIE.

Si tu parles de l'épingle, maman nous grondera : elle nous ôtera l'âne.

PAUL.

Moi, je crois qu'il vaut mieux toujours dire la

vérité; toutes les fois que tu as voulu cacher quelque chose à ma tante, elle l'a su tout de même, et tu as été punie plus fort que tu ne l'aurais été si tu avais dit la vérité.

SOPHIE.

Mais pourquoi veux-tu que je parle de l'épingle? Je ne suis pas obligée de mentir pour cela. Je dirais la vérité, que l'âne a rué et que je suis tombée.

PAUL.

Fais comme tu voudras, mais je crois que tu as tort.

SOPHIE.

Mais toi, Paul, ne dis rien; ne va pas parler de l'épingle.

PAUL.

Sois tranquille; tu sais que je n'aime pas à te faire gronder. »

Paul et Sophie cherchèrent l'âne, qui devait être près de là; ils ne le trouvèrent pas. « Il sera sans doute retourné à la maison », dit Paul.

Sophie et Paul reprirent comme l'âne le chemin de la maison; ils étaient dans un petit bois qui se trouvait tout près du château lorsqu'ils entendirent appeler et qu'ils virent accourir leurs mamans.

« Qu'est-il arrivé, mes enfants? êtes-vous blessés? Nous avons vu revenir votre âne au galop avec la sangle cassée; il avait l'air effrayé, effaré; on a eu de la peine à le rattraper. Nous avions peur qu'il ne vous fût arrivé un accident.

Dans sa frayeur elle serra son talon contre l'âne. (Page 201.)

SOPHIE.

Non, maman, rien du tout; seulement je suis tombée.

MADAME DE RÉAN.

Tombée? Comment? Pour quelle raison?

SOPHIE.

J'étais sur l'âne et je ne sais pourquoi il s'est mis à sauter et à ruer; je suis tombée sur le sable et je me suis un peu écorché le nez et les mains : mais ce n'est rien.

MADAME D'AUBERT.

Pourquoi donc l'âne a-t-il rué, Paul? Je le croyais si doux !

PAUL, *embarrassé.*

C'est Sophie qui était dessus, maman; c'est avec elle qu'il a rué.

MADAME D'AUBERT.

Très bien, je comprends. Mais qu'est-ce qui a pu le faire ruer?

SOPHIE.

Oh! ma tante, c'est parce qu'il avait envie de ruer.

MADAME D'AUBERT.

Je pense bien que ce n'est pas parce qu'il voulait rester tranquille. Mais c'est singulier tout de même. »

On rentrait à la maison comme Mme d'Aubert achevait de parler; Sophie alla dans sa chambre pour laver sa figure et ses mains, qui étaient pleines de sable, et pour changer sa robe, qui était salie et déchirée. Mme de Réan entra comme elle finissait de s'habiller; elle examina sa robe déchirée.

« Il faut que tu sois tombée bien rudement, dit-elle, pour que ta robe soit déchirée et salie comme elle est.

— Ah! dit la bonne.

MADAME DE RÉAN.

Qu'avez-vous? vous êtes-vous fait mal?

LA BONNE.

Ah! la belle idée! Ha! ha! ha! voilà une invention! Regardez donc, madame! »

Et elle montra à Mme de Réan la grosse épingle avec laquelle elle venait de se piquer, et que Sophie avait oublié d'ôter après sa chute.

MADAME DE RÉAN.

Qu'est-ce que cela veut dire? Comment cette épingle se trouve-t-elle au soulier de Sophie?

LA BONNE.

Elle n'y est pas venue toute seule certainement, car le cuir est assez dur à percer.

MADAME DE RÉAN.

Parle donc, Sophie; explique-nous comment cette épingle se trouve là.

SOPHIE, *très embarrassée.*

Je ne sais pas, maman, je ne sais pas du tout.

MADAME DE RÉAN.

Comment! tu ne sais pas? Tu as mis tes souliers avec l'épingle sans t'en apercevoir?

SOPHIE.

Oui, maman! je n'ai rien vu.

LA BONNE.

Ah! par exemple, mademoiselle Sophie, ce n'est pas vrai, cela. C'est moi qui vous ai mis vos souliers, et je sais qu'il n'y avait pas d'épingle.

Vous feriez croire à votre maman que je suis une négligente! Ce n'est pas bien cela, mademoiselle. »

Sophie ne répond pas; elle est de plus en plus rouge et embarrassée. Mme de Réan lui ordonne de parler.

« Si vous n'avouez pas la vérité, mademoiselle, j'irai la demander à Paul, qui ne ment jamais. »

Sophie éclata en sanglots, mais elle s'entêta à ne rien avouer. Mme de Réan alla chez sa sœur Mme d'Aubert ; elle y trouva Paul, auquel elle demanda ce que voulait dire l'épingle du soulier de Sophie. Paul, croyant sa tante très fâchée et pensant que Sophie avait dit la vérité, répondit :

« C'était pour faire un éperon, ma tante.

MADAME DE RÉAN.

Et pour quoi faire, un éperon ?

PAUL.

Pour faire galoper l'âne.

MADAME DE RÉAN.

Ah ! je comprends pourquoi l'âne a rué et a jeté Sophie par terre. L'épingle piquait le pauvre animal, qui s'en est débarrassé comme il a pu. »

Mme de Réan sortit et revint trouver Sophie.

« Je sais tout, mademoiselle, dit-elle. Vous êtes une petite menteuse. Si vous m'aviez dit la vérité, je vous aurais un peu grondée, mais je ne vous aurais pas punie ; maintenant vous allez être un mois sans monter à âne, pour vous apprendre à mentir comme vous l'avez fait. »

Mme de Réan laissa Sophie pleurant. Quand Paul la revit, il ne put s'empêcher de lui dire :

« Je te l'avais bien dit, Sophie ! Si tu avais avoué

la vérité, nous aurions notre âne, et tu n'aurais pas le chagrin que tu as. »

Mme de Réan tint parole et ne permit pas qu'on montât l'âne, malgré les demandes de Sophie.

XX

LA PETITE VOITURE

Sophie, voyant que sa maman ne lui laissait pas monter l'âne, dit un jour à Paul :

« Puisque nous ne pouvons pas monter notre âne, Paul, attelons-le à notre petite voiture ; nous mènerons chacun notre tour.

PAUL.

Je ne demande pas mieux ; mais ma tante le permettra-t-elle ?

SOPHIE.

Va le lui demander. Je n'ose pas. »

Paul courut chez sa tante et lui demanda la permission d'atteler l'âne.

Mme de Réan y consentit à la condition que la bonne irait avec eux. Quand Paul le dit à Sophie, elle grogna.

C'est ennuyeux d'avoir ma bonne, dit-elle ; elle

a toujours peur de tout; elle ne nous laissera pas aller au galop.

PAUL.

Oh! mais il ne faut pas aller au galop; tu sais que ma tante le défend. »

Sophie ne répondit pas, et bouda pendant que Paul courait chercher la bonne et faire atteler l'âne. Une demi-heure après, l'âne était à la porte avec la voiture.

Sophie monta dedans toujours boudant; elle fut maussade pendant toute la promenade, malgré les efforts du pauvre Paul pour la rendre gaie et aimable. Enfin il lui dit :

« Ah! tu m'ennuies avec tes airs maussades! Je m'en vais à la maison : cela m'ennuie de parler tout seul, de jouer seul, de regarder ta figure boudeuse. »

Et Paul dirigea l'âne du côté de la maison, Sophie continuait à bouder. Quand ils arrivèrent, elle descendit, accrocha son pied au marchepied et tomba. Le bon Paul sauta à terre et l'aida à se relever : elle ne s'était pas fait mal, mais la bonté de Paul la toucha et elle se mit à pleurer.

« Tu t'es fait mal, ma pauvre Sophie? disait Paul en l'embrassant. Appuie-toi sur moi; n'aie pas peur, je te soutiendrai bien.

—Non, mon cher Paul, répondit Sophie en sanglotant; je ne me suis pas fait mal; je pleure de repentir; je pleure parce que j'ai été méchante pour toi, qui es toujours si bon pour moi.

PAUL.

Il ne faut pas pleurer pour cela, ma pauvre Sophie. Je n'ai pas de mérite à être bon pour toi, parce que je t'aime et qu'en te faisant plaisir je me fais plaisir à moi-même. »

Sophie se jeta au cou de Paul et l'embrassa en pleurant plus fort. Paul ne savait plus comment la consoler; enfin il lui dit :

« Écoute, Sophie, si tu pleures toujours, je vais pleurer aussi : cela me fait de la peine de te voir du chagrin. »

Sophie essuya ses yeux et lui promit, en pleurant toujours, de ne plus pleurer.

« Oh! Paul! lui dit-elle, laisse-moi pleurer; cela fait du bien; je sens que je deviens meilleure. »

Mais, quand elle vit que les yeux de Paul commençaient aussi à se mouiller de larmes, elle sécha les siens, elle reprit un visage riant, et ils montèrent ensemble dans leur chambre, où ils jouèrent jusqu'au dîner.

Le lendemain, Sophie proposa une nouvelle promenade en voiture à âne. La bonne lui dit qu'elle avait à savonner et qu'elle ne pourrait pas y aller. La maman et la tante étaient obligées d'aller faire une visite à une lieue de là, chez Mme de Fleurville.

« Comment allons-nous faire? dit Sophie d'un air désolé.

— Si j'étais sûre que vous soyez tous deux bien sages, dit Mme de Réan, je vous permettrais d'aller seuls; mais toi, Sophie, tu as toujours des idées si singulières, que j'ai peur d'un accident causé par *une idée*.

SOPHIE.

Oh non! maman, soyez tranquille! je n'aurai pas *d'idée*, je vous assure. Laissez-nous aller seuls tous les deux : l'âne est si doux !

MADAME DE RÉAN.

L'âne est doux quand on ne le tourmente pas; mais, si tu te mets à le piquer comme tu as fait l'autre jour, il fera culbuter la voiture.

PAUL.

Oh! ma tante, Sophie ne recommencera pas,... ni moi non plus; car j'ai mérité d'être grondé autant qu'elle, puisque je l'ai aidée à percer son soulier avec l'épingle.

MADAME DE RÉAN.

Voyons, je veux bien vous laisser aller seuls, mais ne sortez pas du jardin; n'allez pas sur la grand'route, et n'allez pas trop vite.

— Merci, maman, merci ma tante », s'écrièrent les enfants; et ils coururent à l'écurie pour atteler leur âne.

Quand il fut prêt, ils virent arriver les deux petits garçons du fermier qui revenaient de l'école.

« Vous allez promener en voiture, m'sieur? dit l'aîné, qui s'appelait André.

PAUL.

Oui; veux-tu venir avec nous?

ANDRÉ.

Je ne peux pas laisser mon frère, m'sieur!

SOPHIE.

Eh bien! emmène ton frère avec toi.

ANDRÉ.

Je veux bien, mamzelle : merci bien.

SOPHIE.

Voyons, qui est-ce qui monte sur le siège pour mener?

PAUL.

Si tu veux commencer, voilà le fouet.

SOPHIE.

Non, j'aime mieux mener plus tard, quand l'âne sera un peu fatigué et moins vif. »

Les enfants montèrent tous les quatre dans la voiture; ils se promenèrent pendant deux heures, tantôt au pas, tantôt au trot; ils menaient chacun à leur tour, mais l'âne commençait à se fatiguer; il ne sentait pas beaucoup le petit fouet avec lequel les enfants le tapaient, de sorte qu'il ralentissait de plus en plus, malgré les coups de fouet et les *hu! hu donc!* de Sophie, qui menait.

ANDRÉ.

Ah! mamzelle, si vous voulez le faire marcher, je vais vous avoir une branche de houx; en tapant avec, il marchera, bien sûr.

SOPHIE.

C'est une bonne idée cela; nous allons le faire marcher, ce paresseux », dit Sophie.

Elle arrêta; André descendit et alla casser une

grosse branche de houx, qui était au bord du chemin.

« Prends garde, Sophie, dit Paul ; tu sais que ma tante a défendu de piquer l'âne.

SOPHIE.

Tu crois que le houx va le piquer comme l'épingle de l'autre jour ? il ne le sentira pas seulement.

PAUL.

Alors pourquoi as-tu laissé André casser cette branche de houx.

SOPHIE.

Parce qu'elle est plus grosse que notre fouet. »

Et Sophie donna un grand coup sur le dos de l'âne, qui prit le trot. Sophie, enchantée d'avoir réussi, lui en donna un second coup, puis un troisième ; l'âne trottait de plus en plus fort. Sophie riait, les deux petits fermiers aussi ; Paul ne riait pas : il était un peu inquiet, et il craignait qu'il n'arrivât quelque chose et que Sophie ne fût grondée et punie. Ils arrivaient à une descente longue et assez raide. Sophie redouble de coups ; l'âne s'impatiente et part au grand galop. Sophie veut l'arrêter, mais trop tard ; l'âne était emporté et courait tant qu'il avait de jambes. Les enfants criaient tous à la fois, ce qui effrayait l'âne et le faisait courir plus fort ! Enfin il passa sur une grosse motte de terre, et la voiture versa ; les enfants restèrent par terre, et l'âne continua de traîner la voiture renversée jusqu'à ce qu'elle fût brisée.

Enfin il passa sur une grosse motte de terre, et la voiture versa.

La voiture était si basse que les enfants ne furent pas blessés, mais ils eurent tous le visage et les mains écorchés. Ils se relevèrent tristement; les petits fermiers s'en allèrent à la ferme; Sophie et Paul retournèrent à la maison. Sophie était honteuse et inquiète; Paul était triste. Après avoir marché quelque temps sans rien dire, Sophie dit à Paul :

« Oh! Paul, j'ai peur de maman! Que va-t-elle me dire?

PAUL, *tristement*.

Quand tu as pris ce houx, je pensais bien que tu ferais du mal à ce pauvre âne; j'aurais dû te le dire plus vivement, tu m'aurais peut-être écouté.

SOPHIE.

Non, Paul, je ne t'aurais pas écouté, parce que je croyais que le houx ne pouvait pas piquer à travers les poils épais de l'âne. Mais que va dire maman?

PAUL.

Hélas! Sophie, pourquoi es-tu désobéissante? Si tu écoutais ma tante, tu serais moins souvent punie et grondée.

SOPHIE.

Je tâcherai de me corriger; je t'assure que je tâcherai. C'est que c'est si ennuyeux d'obéir!

PAUL.

C'est bien plus ennuyeux d'être puni. Et puis, j'ai remarqué que les choses qu'on nous défend sont dangereuses; quand nous les faisons, il nous arrive toujours quelque malheur, et, après, nous avons peur de voir ma tante et maman.

SOPHIE.

C'est vrai! Ah! mon Dieu! Voilà maman qui arrive! Entends-tu la voiture? Courons vite, pour rentrer avant qu'elle ne nous voie. »

Mais ils eurent beau courir, la voiture marchait plus vite qu'eux; elle arrêtait devant le perron au moment où les enfants y arrivaient.

Mme de Réan et Mme d'Aubert virent tout de suite les écorchures du visage et des mains.

« Allons! voilà encore des accidents! s'écria Mme de Réan. Que vous est-il arrivé?

SOPHIE.

Maman, c'est l'âne.

MADAME DE RÉAN.

J'en étais sûre d'avance; aussi ai-je été inquiète tout le temps de ma visite. Mais cet âne est donc enragé? Qu'a-t-il fait pour que vous soyez écorchés ainsi?

SOPHIE.

Il nous a versés, maman, et je crois que la voiture est un peu cassée, car il a continué de courir après qu'elle a été renversée.

MADAME D'AUBERT.

Je suis sûre que vous avez eu encore quelque invention qui aura taquiné ce pauvre âne. »

Sophie baisse la tête et ne répond pas. Paul rougit et ne dit rien.

« Sophie, dit Mme de Réan, je vois à vos mines

que ta tante a deviné. Dis la vérité, et raconte-nous ce qui est arrivé. »

Sophie hésita un instant; mais elle se décida à

« Mademoiselle, il est arrivé malheur à votre âne. »

dire la vérité, et elle la raconta tout entière à sa maman et à sa tante.

« Mes chers enfants, dit Mme de Réan, depuis que vous avez cet âne, il vous arrive sans cesse des malheurs, et Sophie a continuellement des idées qui n'ont pas le sens commun. Je vais donc faire vendre ce malheureux animal, cause de tant de sottises.

SOPHIE et PAUL, *ensemble*.

Oh! maman, oh! ma tante, je vous en prie, ne le vendez pas. Jamais nous ne recommencerons, jamais.

MADAME DE RÉAN.

Vous ne recommencerez pas la même sottise; mais Sophie en inventera d'autres, peut-être plus dangereuses que les premières.

SOPHIE.

Non, maman, je vous assure que je ne ferai que ce que vous me permettrez; je serai obéissante, je vous le promets.

MADAME DE RÉAN.

Je veux bien attendre quelques jours encore; mais je vous préviens qu'à la première *idée* de Sophie vous n'aurez plus d'âne. »

Les enfants remercièrent Mme de Réan, qui leur demanda où était l'âne. Ils se rappelèrent alors qu'il avait continué à courir, traînant après lui la voiture renversée.

Mme de Réan appela Lambert, lui raconta ce qui était arrivé, et lui dit d'aller voir où était cet âne. Lambert y courut; il revint une heure après : les enfants l'attendaient.

« Eh bien! Lambert? s'écrièrent-ils ensemble.

LAMBERT.

Eh bien! monsieur Paul et mademoiselle Sophie, il est arrivé malheur à votre âne.

SOPHIE ET PAUL, *ensemble*.

Quoi? quel malheur?

LAMBERT.

Il paraîtrait que la peur l'a prise, cette pauvre bête; il a toujours couru du côté de la route; la barrière était ouverte; il s'y est précipité; la diligence arrivait tout juste comme il traversait la grand'route; le conducteur n'a pas pu arrêter à temps ses chevaux, qui ont culbuté l'âne et la voiture; ils ont piétiné dessus; ils sont tombés; ils ont failli faire verser la diligence. Quand on les a relevés et dételés, l'âne était écrasé, mort; il ne remuait pas plus qu'une pierre. »

Aux cris que poussèrent les enfants, les mamans et tous les domestiques accoururent : Lambert raconta de nouveau le malheur arrivé au pauvre âne. Les mamans emmenèrent Sophie et Paul pour tâcher de les consoler; mais ils eurent de la peine, tant ils étaient affligés. Sophie se reprochait d'avoir été cause de la mort de son âne; Paul se reprochait d'avoir laissé faire Sophie; la journée s'acheva fort tristement. Longtemps après, Sophie pleurait quand elle voyait un âne qui ressemblait au sien. Elle n'en voulut plus avoir, et elle fit bien, car sa maman ne voulait plus lui en donner.

XXI

LA TORTUE

Sophie aimait les bêtes : elle avait déjà eu un POULET, un ÉCUREUIL, un CHAT, un ÂNE; sa maman ne voulait pas lui donner un chien, de peur qu'il ne devînt enragé, ce qui arrive assez souvent.

« Quelle bête pourrais-je donc avoir? demanda-t-elle un jour à sa maman. J'en voudrais une qui ne pût pas me faire de mal, qui ne pût pas se sauver et qui ne fût pas difficile à soigner.

MADAME DE RÉAN, *riant*.

Alors je ne vois que la tortue qui puisse te convenir.

SOPHIE.

C'est vrai, cela! C'est très gentil, une tortue, et il n'y a pas de danger qu'elle se sauve.

MADAME DE RÉAN, *riant*.

Et si elle voulait se sauver, tu aurais toujours le temps de la rattraper.

SOPHIE.

Achetez-moi une tortue, maman, achetez-moi une tortue.

MADAME DE RÉAN.

Quelle folie! c'est en plaisantant que je te parlais d'une tortue, c'est une affreuse bête, lourde, laide, ennuyeuse; je ne pense pas que tu puisses aimer un si sot animal.

SOPHIE.

Oh! maman, je vous en prie! elle m'amusera beaucoup. Je serai bien sage pour la gagner.

MADAME DE RÉAN.

Puisque tu as envie d'une si laide bête, je puis bien te la donner, mais à deux conditions : la première, c'est que tu ne la laisseras pas mourir de faim; la seconde, c'est qu'à la première grosse faute que tu feras, je te l'ôterai.

SOPHIE.

J'accepte les conditions, maman, j'accepte. Quand aurai-je ma tortue?

MADAME DE RÉAN.

Tu l'auras après-demain. Je vais écrire ce matin même à ton père, qui est à Paris, de m'en acheter une : il l'enverra demain soir par la diligence, et tu l'auras après-demain de bonne heure.

SOPHIE.

Je vous remercie mille fois, maman. Paul va précisément arriver demain, il restera quinze jours avec nous : il aura le temps de s'amuser avec la tortue. »

LES MALHEURS DE SOPHIE

Le lendemain, Paul arriva, à la grande joie de Sophie. Quand elle lui annonça qu'elle attendait une tortue, Paul se moqua d'elle et lui demanda ce qu'elle ferait d'une si affreuse bête.

« Nous lui donnerons de la salade, nous lui ferons un lit de foin; nous la porterons sur l'herbe;

nous nous amuserons beaucoup, je t'assure. »

Le lendemain la tortue arriva : elle était grosse comme une assiette, épaisse comme une cloche à couvrir les plats; sa couleur était laide et sale; elle avait rentré sa tête et ses pattes.

« Dieu! que c'est laid! s'écria Paul.

— Moi je la trouve assez jolie, répondit Sophie un peu piquée.

PAUL, *d'un air moqueur.*

Elle a surtout une jolie physionomie et un sourire gracieux !

SOPHIE.

Laisse-nous tranquilles : tu te moques de tout.

PAUL, *continuant.*

Ce que j'aime en elle, c'est sa jolie tournure, sa marche légère.

SOPHIE, *se fâchant.*

Tais-toi, te dis-je : je vais emporter ma tortue si tu te moques d'elle.

PAUL.

Emporte, emporte, je t'en prie : ce n'est pas son esprit que je regretterai. »

Sophie avait bien envie de se jeter sur Paul et de lui donner une tape : mais elle se souvint de sa promesse et de la menace de sa maman, et elle se contenta de lancer à Paul un regard furieux. Elle voulut prendre la tortue pour la porter sur l'herbe : mais elle était trop lourde, elle la laissa retomber. Paul, qui se repentait de l'avoir taquinée, accourut pour l'aider ; il lui donna l'idée de mettre la tortue dans un mouchoir et de la porter à deux, tenant chacun un bout du mouchoir. Sophie, que la chute de la tortue avait effrayée, consentit à se laisser aider par Paul.

Quand la tortue sentit l'herbe fraîche, elle sortit ses pattes, puis sa tête, et se mit à manger l'herbe. Sophie et Paul la regardaient avec étonnement.

« Tu vois bien, dit Sophie, que ma tortue n'est pas si bête, ni si ennuyeuse.

— Non, c'est vrai, répondit Paul, mais elle est bien laide.

— Pour cela, dit Sophie, j'avoue qu'elle est laide ; elle a une affreuse tête.

— Et d'horribles pattes », ajouta Paul.

Les enfants continuèrent à soigner la tortue pendant dix jours sans que rien d'extraordinaire arrivât. La tortue couchait dans un cabinet sur du foin ; elle mangeait de la salade, de l'herbe, et paraissait heureuse.

Un jour, Sophie eut une *idée* ; elle pensa qu'il faisait chaud, que la tortue devait avoir besoin de se rafraîchir, et qu'un bain dans la mare lui ferait du bien. Elle appela Paul et lui proposa de baigner la tortue.

PAUL.

La baigner ? où donc ?

SOPHIE.

Dans la mare du potager ; l'eau y est fraîche et claire.

PAUL.

Mais je crains que cela ne lui fasse du mal.

SOPHIE.

Au contraire ; les tortues aiment beaucoup à se baigner ; elle sera enchantée.

PAUL.

Comment sais-tu que les tortues aiment à se baigner ? Je crois, moi, qu'elles n'aiment pas l'eau.

SOPHIE.

Je suis sûre qu'elles l'aiment beaucoup. Est-ce que les écrevisses n'aiment pas l'eau? Est-ce que les huîtres n'aiment pas l'eau? ces bêtes-là ressemblent un peu à la tortue.

PAUL.

Tiens, c'est vrai. D'ailleurs nous pouvons essayer.

Et ils allèrent prendre la pauvre tortue, qui se chauffait tranquillement au soleil, sur l'herbe; ils la portèrent à la mare et la plongèrent dedans. Aussitôt que la tortue sentit l'eau, elle sortit précipitamment sa tête et ses pattes pour tâcher de s'en tirer; ses pattes gluantes ayant touché aux mains de Paul et de Sophie, tous deux la lâchèrent et elle tomba au fond de la mare.

Les enfants, effrayés, coururent à la maison du jardinier pour lui demander de repêcher la pauvre tortue. Le jardinier, qui savait que l'eau la tuerait, courut vers la mare; elle n'était pas profonde; il se jeta dedans après avoir ôté ses sabots et retroussé les jambes de son pantalon. Il voyait la tortue qui se débattait au fond de la mare, et il la retira promptement. Il la porta ensuite près du feu pour la sécher; la pauvre bête avait rentré sa tête et ses pattes et ne bougeait plus. Quand elle fut bien chauffée, les enfants voulurent la reporter sur l'herbe au soleil.

« Attendez, monsieur, mademoiselle, dit le jardinier, je vais vous la porter. Je crois bien qu'elle ne mangera guère, ajouta-t-il.

Le jardinier retira promptement la tortue.

— Est-ce que vous croyez que le bain lui a fait du mal? demanda Sophie.

LE JARDINIER.

Certainement que oui, il lui a fait mal; l'eau ne va pas aux tortues.

PAUL.

Croyez-vous qu'elle sera malade?

LE JARDINIER.

Malade, je n'en sais rien; mais je crois bien qu'elle va mourir.

— Ah! mon Dieu! s'écria Sophie.

PAUL, *bas*.

Ne t'effraye pas; il ne sait ce qu'il dit. Il croit que les tortues sont comme les chats, qui n'aiment pas l'eau. »

Ils étaient revenus sur l'herbe; le jardinier posa doucement la tortue et retourna à son potager. Les enfants la regardaient de temps en temps, mais elle restait immobile; ni sa tête ni ses pattes ne se montraient. Sophie était inquiète; Paul la rassurait.

« Il faut la laisser faire comme elle veut, dit-il; demain elle mangera et se promènera. »

Ils la reportèrent vers le soir sur son lit de foin et lui mirent des salades fraîches. Le lendemain, quand ils allèrent la voir, les salades étaient entières; la tortue n'y avait pas touché.

« C'est singulier, dit Sophie; ordinairement elle mange tout dans la nuit.

— Portons-la sur l'herbe, répondit Paul; elle n'aime peut-être pas la salade. »

Paul, qui était inquiet, mais qui ne voulait pas l'avouer à Sophie, examinait attentivement la tortue, qui continuait à ne pas bouger.

« Laissons-la, dit-il à Sophie; le soleil va la réchauffer et lui faire du bien.

SOPHIE.

Est-ce que tu crois qu'elle est malade?

PAUL.

Je crois que oui. »

Il ne voulait pas ajouter : *Je crois qu'elle est morte*, comme il commençait à le craindre.

Pendant deux jours, Paul et Sophie continuèrent à porter la tortue sur l'herbe, mais elle ne bougeait pas, et ils la retrouvaient toujours comme ils l'avaient posée; les salades qu'ils lui mettaient le soir se retrouvaient entières le lendemain. Enfin, un jour, en la mettant sur l'herbe, ils s'aperçurent qu'elle sentait mauvais.

« Elle est morte, dit Paul; elle sent déjà mauvais. »

Ils étaient tous deux près de la tortue, se désolant et ne sachant que faire d'elle, quand Mme de Réan arriva près d'eux.

« Que faites-vous là, mes enfants? Vous êtes immobiles comme des statues près de cette tortue,... qui est aussi immobile que vous », ajouta-t-elle en se baissant pour la prendre.

En l'examinant, Mme de Réan s'aperçut qu'elle sentait mauvais.

« Mais... elle est morte, s'écria-t-elle en la rejetant par terre; elle sent déjà mauvais.

PAUL.

Oui, ma tante, je crois qu'elle est morte.

MADAME DE RÉAN.

De quoi a-t-elle pu mourir? Ce n'est pas de faim, puisque vous la mettiez tous les jours sur l'herbe. C'est singulier qu'elle soit morte sans qu'on sache pourquoi.

SOPHIE.

Je crois, maman, que c'est le bain qui l'a fait mourir.

MADAME DE RÉAN.

Un bain? Qui est-ce qui a imaginé de lui faire prendre un bain?

SOPHIE, *honteuse.*

C'est moi, maman : je croyais que les tortues aimaient l'eau fraîche, et je l'ai baignée dans la mare du potager; elle est tombée au fond; nous n'avons pas pu la rattraper; c'est le jardinier qui l'a repêchée; elle est restée longtemps dans l'eau.

MADAME DE RÉAN.

Ah! c'est une de tes *idées.* Tu t'es punie toi-même, au reste; je n'ai rien à te dire. Seulement, souviens-toi qu'à l'avenir tu n'auras aucun animal à soigner, ni à élever. Toi et Paul, vous les tuez ou vous les laissez mourir tous. Il faut jeter cette tortue, ajouta Mme de Réan. Lambert, venez prendre cette bête qui est morte, et jetez-la dans un trou quelconque. »

Ainsi finit la pauvre tortue, qui fut le dernier animal qu'eut Sophie. Quelques jours après, elle demanda à sa maman si elle ne pouvait pas avoir de charmants petits cochons d'Inde qu'on voyait à la ferme; Mme de Réan refusa. Il fallut bien obéir, et Sophie vécut seule avec Paul, qui venait souvent passer quelques jours avec elle.

XXII

LE DÉPART

« Paul, dit un jour Sophie, pourquoi ma tante d'Aubert et maman causent-elles toujours tout bas? Maman pleure et ma tante aussi; sais-tu pourquoi?

PAUL.

Non, je ne sais pas du tout; pourtant j'ai entendu l'autre jour maman qui disait à ma tante : « Ce serait terrible d'abandonner nos parents, « nos amis, notre pays »; ma tante a répondu : « Surtout pour un pays comme l'Amérique. »

SOPHIE.

Eh bien! qu'est-ce que cela veut dire?

PAUL.

Je crois que cela veut dire que maman et ma tante veulent aller en Amérique.

SOPHIE.

Mais ce n'est pas du tout terrible; au contraire,

ce sera très amusant. Nous verrons des tortues en Amérique.

PAUL.

Et des oiseaux superbes; des corbeaux rouges, orange, bleus, violets, roses, et pas comme nos affreux corbeaux noirs.

SOPHIE.

Et des perroquets et des oiseaux-mouches. Maman m'a dit qu'il y en avait beaucoup en Amérique.

PAUL.

Et puis des sauvages noirs, jaunes, rouges.

SOPHIE.

Oh! pour les sauvages, j'en aurai peur; ils nous mangeraient peut-être.

PAUL.

Mais nous n'irions pas demeurer chez eux; nous les verrions seulement quand ils viendraient se promener dans les villes.

SOPHIE.

Mais pourquoi irions-nous en Amérique? Nous sommes très bien ici.

PAUL.

Certainement. Je te vois très souvent, notre château est tout près du tien. Ce qui serait mieux encore, c'est que nous demeurions ensemble en Amérique. Oh! alors, j'aimerais bien l'Amérique.

SOPHIE.

Tiens, voilà maman qui se promène avec ma tante; elles pleurent encore; cela me fait de la peine de les voir pleurer.... Les voilà qui s'assoient sur le banc. Allons les consoler.

PAUL.

Mais comment les consolerons-nous?

SOPHIE.

Je n'en sais rien : mais essayons toujours. »

Les enfants coururent à leurs mamans.

« Chère maman, dit Sophie, pourquoi pleurez-vous?

MADAME DE RÉAN

Pour quelque chose qui me fait de la peine, chère petite, et que tu ne peux comprendre.

SOPHIE.

Si fait, maman, je comprends très bien que cela vous fait de la peine d'aller en Amérique, parce que vous croyez que j'en serais très fâchée. D'abord, puisque ma tante et Paul viennent avec nous, nous serons très heureux. Ensuite, j'aime beaucoup l'Amérique, c'est un très joli pays. »

Mme de Réan regarda d'abord sa sœur, Mme d'Aubert, d'un air étonné, et puis ne put s'empêcher de sourire quand Sophie parla de l'Amérique, qu'elle ne connaissait pas du tout.

MADAME DE RÉAN.

Qui t'a dit que nous allions en Amérique? Et pourquoi crois-tu que ce soit cela qui nous donne du chagrin?

PAUL.

Oh! ma tante, c'est que je vous ai entendue parler d'aller en Amérique, et vous pleuriez; mais je vous assure que Sophie a raison et que nous serons très heureux en Amérique, si nous demeurons ensemble.

MADAME D'AUBERT.

Oui, mes chers enfants, vous avez deviné. Nous devons bien réellement aller en Amérique.

PAUL.

Et pourquoi donc, maman?

MADAME D'AUBERT.

Parce qu'un de nos amis, M. Fichini, qui vivait en Amérique, vient de mourir : il n'avait pas de parents, il était très riche; il nous a laissé toute sa fortune. Ton père et celui de Sophie sont obligés d'aller en Amérique pour avoir cette fortune; ta tante et moi, nous ne voulons pas les laisser partir seuls, et pourtant nous sommes tristes de quitter nos parents, nos amis, nos terres.

SOPHIE.

Mais ce ne sera pas pour toujours, n'est-ce pas?

MADAME DE RÉAN.

Non, mais pour un an ou deux, peut-être.

SOPHIE.

Eh bien, maman, il ne faut pas pleurer pour cela. Pensez donc que ma tante et Paul seront avec nous tout ce temps-là. Et puis, papa et mon oncle seront bien contents de ne plus être seuls.

Mme de Réan et Mme d'Aubert embrassèrent leurs enfants.

« Ils ont pourtant raison, ces enfants! dit-elle

à sa sœur, nous serons ensemble, et deux ans seront bien vite passés. »

Depuis ce jour elles ne pleurèrent plus.

« Vois-tu, dit Sophie à Paul, que nous les avons consolées! J'ai remarqué que les enfants consolent très facilement leurs mamans.

— C'est parce qu'elles les aiment », répondit Paul.

Peu de jours après, les enfants allèrent avec leurs mamans faire une visite d'adieu à leurs amies, Camille et Madeleine de Fleurville, qui furent très étonnées d'apprendre que Sophie et Paul allaient partir pour l'Amérique.

« Combien de temps y resterez-vous? demanda Camille.

SOPHIE.

Deux ans, je crois. C'est si loin!

PAUL.

Quand nous reviendrons, Sophie aura six ans et moi huit ans.

MADELEINE.

Et moi j'aurai huit ans aussi, et Camille neuf ans!

SOPHIE.

Que tu seras vieille, Camille! neuf ans!

CAMILLE.

Rapporte-nous de jolies choses d'Amérique, des choses curieuses.

SOPHIE.

Veux-tu que je te rapporte une tortue?

MADELEINE.

Quelle horreur! Une tortue! c'est si bête et si laid! »

Paul ne put s'empêcher de rire.

« Pourquoi ris-tu, Paul? demanda Camille.

PAUL.

C'est parce que Sophie avait une tortue et qu'elle s'est fâchée un jour contre moi parce que je lui disais absolument ce que tu viens de dire.

CAMILLE.

Et qu'est-elle devenue, cette tortue?

PAUL.

Elle est morte après un bain que nous lui avons fait prendre dans la mare.

CAMILLE.

Pauvre bête! Je regrette de ne l'avoir pas vue. »

Sophie, qui n'aimait pas qu'on parlât de la tortue, proposa de cueillir des bouquets dans les champs : Camille leur offrit d'aller plutôt cueillir des fraises dans le bois. Ils acceptèrent tous avec plaisir et en trouvèrent beaucoup, qu'ils mangeaient à mesure qu'ils les trouvaient. Ils restèrent deux heures à s'amuser, après quoi il fallut se séparer. Sophie et Paul promirent de rapporter d'Amérique des fruits, des fleurs, des oiseaux-mouches, des perroquets. Sophie promit même d'apporter un petit sauvage, si on voulait bien lui en vendre un. Les jours suivants, ils continuèrent à faire des visites d'adieu, puis commencèrent les paquets. M. de Réan et M. d'Aubert attendaient à Paris leurs femmes et leurs enfants.

Le jour du départ fut un triste jour. Sophie et

Paul même pleurèrent en quittant le château, les domestiques, les gens du village.

« Peut-être, pensaient-ils, ne reviendrons-nous jamais ! »

Tous ces pauvres gens avaient la même pensée, et tous étaient tristes.

Les mamans et les enfants montèrent dans une voiture attelée de quatre chevaux de poste : les bonnes et les femmes de chambre suivaient, dans une calèche attelée de trois chevaux : il y avait un domestique sur chaque siège. Après s'être arrêtés une heure en route pour déjeuner, ils arrivèrent à Paris pour dîner. On ne devait rester à Paris que huit jours, afin d'acheter tout ce qui était nécessaire pour le voyage et pour le temps qu'on croyait passer en Amérique.

Pendant ces huit jours, les enfants s'amusèrent beaucoup. Ils allèrent avec leurs mamans se promener au Bois de Boulogne, aux Tuileries, au Jardin des Plantes ; ils allaient acheter toutes sortes de choses : des habits, des chapeaux, des souliers, des gants, des livres d'histoire, des joujoux, des provisions pour la route. Sophie avait envie de toutes les bêtes qu'elle voyait à vendre : elle demanda même à acheter la petite girafe du Jardin des Plantes. Paul avait envie de tous les livres, de toutes les images. On leur acheta à chacun un petit sac de voyage pour leurs affaires de toilette, leurs provisions de la journée et leurs joujoux, comme dominos, cartes, jonchets, etc.

Enfin arriva le jour tant désiré du départ pour le Havre, port où ils devaient monter sur le navire qui les menait en Amérique. Ils surent, en arrivant au Havre, que leur navire, la Sibylle, ne devait partir que dans trois jours. On profita de ces trois jours pour se promener dans la ville : le bruit, le mouvement des rues, les bassins pleins de vaisseaux, les quais couverts de marchands, de perroquets, de singes, de toutes sortes de choses venant d'Amérique, amusaient beaucoup les enfants. Si Mme de Réan avait écouté Sophie, elle lui aurait acheté une dizaine de singes, autant de perroquets, de perruches, etc. Mais elle refusa tout, malgré les prières de Sophie.

Ces trois jours passèrent comme avaient passé les huit jours à Paris, comme avaient passé les quatre années de la vie de Sophie, les six années de celle de Paul : ils passèrent pour ne plus revenir. Mme de Réan et Mme d'Aubert pleuraient de quitter leur chère et belle France : M. de Réan et M. d'Aubert étaient tristes et cherchaient à consoler leurs femmes en leur promettant de les ramener le plus tôt possible. Sophie et Paul étaient enchantés : leur seul chagrin était de voir pleurer leurs mamans. Ils entrèrent dans le navire qui devait les emporter si loin, au milieu des orages et des dangers de la mer. Quelques heures après, ils étaient établis dans leurs cabines, qui étaient de petites chambres contenant chacune deux lits, leurs malles et les choses nécessaires pour la toilette. Sophie coucha avec Mme de Réan, Paul avec Mme d'Aubert, les deux papas ensemble. Ils mangeaient tous à la

table du capitaine, qui aimait beaucoup Sophie : elle lui rappelait Marguerite, qui restait en France. Le capitaine jouait souvent avec Paul et Sophie : il leur expliquait tout ce qui les étonnait dans le vaisseau, comment il marchait sur l'eau, comment on l'aidait à avancer en ouvrant les voiles, et bien d'autres choses encore.

Paul disait toujours :

« Je serai marin quand je serai grand : je voyagerai avec le capitaine.

— Pas du tout, répondait Sophie; je ne veux pas que tu sois marin : tu resteras toujours avec moi.

PAUL.

Pourquoi ne reviendrais-tu pas avec moi sur le vaisseau du capitaine?

SOPHIE.

Parce que je ne veux pas quitter maman : je resterai toujours avec elle, et toi, tu resteras avec moi, entends-tu?

PAUL.

J'entends. Je resterai, puisque tu le veux. »

Le voyage fut long : il dura bien des jours. Si vous désirez savoir ce que devint Sophie, demandez à vos mamans de vous faire lire les *Petites filles modèles*, où vous retrouverez Sophie. Si vous voulez savoir ce qu'est devenu Paul, vous le saurez en lisant *les Vacances*, où vous le retrouverez.

FIN

TABLE DES CHAPITRES

		Pages.
I.	La poupée de cire	3
II.	L'enterrement	13
III.	La chaux	19
IV.	Les petits poissons	27
V.	Le poulet noir	37
VI.	L'abeille	45
VII.	Les cheveux mouillés	53
VIII.	Les sourcils coupés	63
IX.	Le pain des chevaux	
X.	La crème et le pain chaud	79
XI.	L'écureuil	87
XII.	Le thé	101
XIII.	Les loups	115
XIV.	La joue écorchée	125
XV.	Elisabeth	135
XVI.	Les fruits confits	141
XVII.	Le chat et le bouvreuil	159

XVIII.	La boîte à ouvrage........................	173
XIX.	L'âne....................................	185
XX.	La petite voiture.........................	211
XXI.	La tortue................................	225
XXII.	Le départ................................	237

FIN DE LA TABLE DES MATIÈRES

27752 — Imp A. Lahure, rue de Fleurus, 9, à Paris.

LIBRAIRIE HACHETTE ET Cⁱᵉ
BOULEVARD SAINT-GERMAIN, 79, A PARIS

LE
JOURNAL DE LA JEUNESSE

NOUVEAU RECUEIL HEBDOMADAIRE
TRÈS RICHEMENT ILLUSTRÉ
POUR LES ENFANTS DE 10 A 15 ANS

Les vingt-trois premières années (1873-1895),
formant
quarante-six beaux volumes grand in-8, sont en vente.

Ce nouveau recueil est une des lectures les plus attrayantes que l'on puisse mettre entre les mains de la jeunesse. Il contient des nouvelles, des contes, des biographies, des récits d'aventures et de voyages, des causeries sur l'histoire naturelle, la géographie, les arts et l'industrie, etc., par

Mᵐᵉˢ S. BLANDY, COLOMB, GUSTAVE DEMOULIN, EMMA D'ERWIN, ZÉNAÏDE FLEURIOT, ANDRÉ GÉRARD, JULIE GOURAUD, MARIE MARÉCHAL, L. MUSSAT, P. DE NANTEUIL, OUIDA, DE WITT NÉE GUIZOT;
MM. A. ASSOLANT, DE LA BLANCHÈRE, LÉON CAHUN, CHAMPOL, RICHARD CORTAMBERT, ERNEST DAUDET, DILLAYE, LOUIS ÉNAULT, J. GIRARDIN, AIMÉ GIRON, AMÉDÉE GUILLEMIN, CH. JOLIET, ALBERT LÉVY, ERNEST MENAULT, EUGÈNE MULLER, PAUL PELET, LOUIS ROUSSELET, Cᵗ STANY, G. TISSANDIER, P. VINCENT, ETC.,

et est

ILLUSTRÉ DE 12 000 GRAVURES SUR BOIS

d'après les dessins de

É. BAYARD, BERTALL, BLANCHARD,
CAIN, CASTELLI, CATENACCI, CRAFTY, C. DELORT,
FAGUET, FÉRAT, FERDINANDUS, GILBERT,
GODEFROY DURAND, HUBERT-CLERGET, KAUFFMANN, LIX, A. MARIE,
MESNEL, MOYNET, MIRBACH, A. DE NEUVILLE, PHILIPPOTEAUX,
E. VULLIEMIN, POIRSON, PRANISHNIKOFF, RICHNER,
RIOU, RONJAT, SAHIB, TAYLOR, THÉROND,
TOFANI, VOGEL, TH. WEBER, E. ZIER.

CONDITIONS DE VENTE ET D'ABONNEMENT

Le **JOURNAL DE LA JEUNESSE** paraît le samedi de chaque semaine. Le prix du numéro, comprenant 16 pages grand in-8, est de **40** centimes.

Les **52** numéros publiés dans une année forment deux volumes.

Prix de chaque volume : broché, **10** francs ; cartonné en percaline rouge, tranches dorées, **13** francs.

PRIX DE L'ABONNEMENT
POUR PARIS ET LES DÉPARTEMENTS

  Un an (2 volumes). . . . . **20** francs
  Six mois (1 volume). . . . . . . **10** —

Prix de l'abonnement pour les pays étrangers qui font partie de l'Union générale des postes : Un an, **22** francs ; six mois, **11** francs.

Les abonnements se prennent à partir du 1ᵉʳ décembre et du 1ᵉʳ juin de chaque année.

MON JOURNAL

NOUVEAU RECUEIL HEBDOMADAIRE

Illustré de nombreuses gravures en couleurs et en noir

A L'USAGE DES ENFANTS DE HUIT A DOUZE ANS

QUINZIÈME ANNÉE

(1895-1896)

DEUXIÈME SÉRIE

MON JOURNAL, à partir du 1er Octobre 1892, est devenu hebdomadaire, de mensuel qu'il était, et convient à des enfants de 8 à 12 ans.

Il paraît un numéro le samedi de chaque semaine. — Prix du numéro, 15 centimes.

ABONNEMENTS :

FRANCE	UNION POSTALE
Six mois............ 4 fr. 50	Six mois............ 5 fr. 50
Un an............... 8 fr. »	Un an............... 10 fr. »

Prix de chaque année de la deuxième série :
Brochée, 8 fr. — Cartonnée, 10 fr.

Prix des années IX, X et XI (1re série) : chacune, brochée, 2 fr.; cartonnée en percaline gaufrée, avec fers spéciaux à froid, 2 fr. 50. (Les années I à VIII sont épuisées.)

BIBLIOTHÈQUE DES PETITS ENFANTS
DE 4 A 8 ANS

FORMAT GRAND IN-16
CHAQUE VOLUME, BROCHÉ, 2 FR. 25
CARTONNÉ EN PERCALINE BLEUE, TRANCHES DORÉES, 3 FR. 50

Ces volumes sont imprimés en gros caractères

Chéron de la Bruyère (Mme) : *Contes à Pépée.* 1 vol. avec 24 gravures d'après Grivaz.
— *Plaisirs et aventures.* 1 vol. avec 30 gravures d'après Jeanniot.
— *La perruque du grand-père.* 1 vol. illustré de 30 gr. d'après Tofani.
— *Les enfants de Boisfleuri.* 1 vol. ill. de 30 grav. d'après Semechini.
— *Les vacances à Trouville.* 1 vol. avec 40 gravures d'après Tofani.
— *Le château du Roc-Salé.* 1 vol. illustré de 30 gr. d'après Tofani.
— *Les enfants du capitaine.* 1 vol. ill. de 30 grav. d'après Geoffroy.
— *Autour d'un bateau.* 1 vol. illustré de 36 gravures d'après E. Zier.

Desgranges : *Le chemin du collège.* 1 vol. ill. de 30 grav. d'après Tofani.
— *La famille Le Jarriel.* 1 vol. illustré de 36 gr. d'après Geoffroy.

Duporteau (Mme) : *Petits récits.* 1 vol. avec 28 gr. d'après Tofani.

Erwin (Mme E. d') : *Un été à la campagne.* 1 vol. avec 39 grav.

Favre : *L'épreuve de Georges.* 1 vol. avec 44 gravures d'après Geoffroy.

Franck (Mme E.) : *Causeries d'une grand'mère.* 1 vol. avec 72 grav.

Fresneau (Mme), née de Ségur : *Une année du petit Joseph.* Imité de l'anglais. 1 vol. avec 67 gravures d'après Jeanniot.

Girardin (J.) : *Quand j'étais petit garçon.* 1 vol. avec 52 gravures.
— *Dans notre classe.* 1 vol. avec 26 gravures d'après Jeanniot.
— *Un drôle de petit bonhomme.* 1 vol. illustré de 36 grav. d'après Geoffroy.

Le Roy (Mme F.) : *L'aventure du petit Paul.* 1 vol. illustré de 45 gravures, d'après Ferdinandus.
— *Les étourderies de Mlle Lucie.* 1 vol. ill. de 30 gr. d'après Robaudi.
— *Pipo.* 1 vol. illustré de 36 gravures d'après Mencina Kresz.

Malasses (Mme) : *Sable-Plage.* 1 vol. ill. de 52 grav. d'après Zier.

Molesworth (Mrs) : *Les aventures de M. Baby*, traduit de l'anglais. 1 vol. avec 12 gravures.

Pape-Carpantier (Mme) : *Nouvelles histoires et leçons de choses.* 1 vol. avec 42 gravures d'après Semechini.

Surville (André) : *Les amis de Berthe.* 1 vol. avec 30 gravures d'après Ferdinandus.
— *La petite Gironnette.* 1 vol. illustré de 34 gravures d'après Grigny.
— *Fleur des champs.* 1 vol. illustré de 32 gravures d'après Zier.
— *La vieille maison du grand-père.* 1 vol. avec 34 gravures d'après Zier.
— *La fête de Saint-Maurice.* 1 vol. illustré de 34 grav. d'après Tofani.

Witt (Mme de), née Guizot : *Histoire de deux petits frères.* 1 vol. avec 45 grav. d'après Tofani.
— *Sur la plage.* 1 vol. avec 55 gravures d'après Ferdinandus.
— *Par monts et par vaux.* 1 vol. avec 51 grav. d'après Ferdinandus.
— *En pleins champs.* 1 vol. avec 45 gravures d'après Gilbert.
— *A la montagne.* 1 vol. illustré de 45 gravures d'après Ferdinandus.
— *Deux tout petits.* 1 vol. illustré de 32 gravures d'après Ferdinandus.
— *Au-dessus du lac.* 1 vol. avec 44 gr.
— *Les enfants de la tour du Roc.* 1 vol. ill. de 56 gr. d'après E. Zier.
— *La petite maison dans la forêt.* 1 vol. illustré de 36 grav. d'après Robaudi.
— *Histoires de bêtes.* 1 vol. illustré de 34 gravures d'après Bouisset.
— *Au creux du rocher.* 1 vol. ill. de 48 grav. d'après Robaudi.

www.ingramcontent.com/pod-product-compliance
Lightning Source LLC
Chambersburg PA
CBHW070635170426
43200CB00010B/2034